宫崎市定亚洲史论考

菩萨蛮记

——西亚北非游记

[日]宫崎市定 著

焦 堃 译 张学锋 校译

图书在版编目(CIP)数据

菩萨蛮记:西亚北非游记/(日)宫崎市定著;焦
堃译,张学锋校译. —上海:上海古籍出版社,2018.5
(宫崎市定亚洲史论考)
ISBN 978-7-5325-8810-7

Ⅰ.①菩… Ⅱ.①宫… ②焦… ③张… Ⅲ.①游记—
日本—现代 Ⅳ.①K931.39

中国版本图书馆 CIP 数据核字(2018)第 077368 号

宫崎市定亚洲史论考
菩萨蛮记
——西亚北非游记
〔日〕宫崎市定 著
焦 堃 译
张学锋 校译
上海古籍出版社出版发行
(上海瑞金二路 272 号 邮政编码 200020)
(1)网址:www.guji.com.cn
(2)E-mail:guji1@guji.com.cn
(3)易文网网址:www.ewen.co
苏州市越洋印刷有限公司印刷
开本 850×1168 1/32 印张 7.625 插页 5 字数 151,000
2018 年 5 月第 1 版 2018 年 5 月第 1 次印刷
ISBN 978-7-5325-8810-7
K·2472 定价:48.00 元
如有质量问题,请与承印公司联系

北宋朱彧《萍洲可谈》卷二云：

> 乐府有菩萨蛮，不知何物。在广中，见呼蕃妇为菩萨蛮，因识之。

菩萨蛮为 Mussulman 或 Bussulman 之音译一事，已为夏德（Friedrich Hirth）等人所发明。Mussulman（Bussulman）为阿拉伯语 Muslim 在波斯语中的讹音，皆指伊斯兰教徒穆斯林。

——桑原骘藏博士《蒲寿庚事迹考》

目录

1

前言

　　大正十四年(1925),我从京都大学史学科毕业并升入大学院时,^①为了和桑原先生商量如何展开将来的研究,特地去先生家中拜访。先生问我有没有兴趣从事阿拉伯方面的研究。当时的我还无法完全理解先生的这个建议究竟有什么意义,并且对这个课题也几乎不感兴趣。我觉得阿拉伯对东洋史研究来说不甚紧要,而且已有先生自己关于阿拉伯与中国的交通贸易史研究在前,我这样的人再怎么想涉足这方面也不可能超得过先生。因为觉得南北朝史上还有一些问题前人尚未有足够的认识,于是最终请先生把我在读期间的研究方向定在了南北朝史(如今我才痛感大学毕业后不经过十几年,是不会明白先生那番话的真意的)。

　　研究生毕业后,我到第六高等学校任职,期间自己选定的南北朝史研究也一直没有取得什么实质性的进展,只是感兴趣的地

---

①　大学院,相当于国内的研究生院。

方从这儿到那儿变来变去,滥读了各种各样的书。转到第三高等学校任职以后,在东洋史之外又被要求讲授自己最头痛的西洋史。我被夹在竖写的文字和横写的文字之间,很是苦恼。在教着学生的同时,我自己也不明白东洋史和西洋史之间究竟有什么关系。所幸教师和学生手头都有两种教材,只要按课程表的安排拿出其中的一本来讲读,不互相混淆就行了。

转到京都大学任职以后,我终于只要考虑东洋史的问题就可以了,但之前的疑问却一直没有消失。昭和十一年(1936),我接到了前往国外进行研究的指令,当时的主任教授羽田先生(今大学总长①)让我趁机去西洋开阔一下眼界,因此我将法国、北美和中国定为这次出访的地点。结果因为种种原因,还没来得及去中国,研究期限就结束了。

前往欧洲时乘坐的是"箱根丸"号二等舱,中途到达苏伊士,一时登岸休整,乘便邀请同为在外研究员的成濑政南博士、增本亮博士、落合骥一郎学士、松本雅男学士等人去开罗游览。同船的长谷部照伍中将及高滨虚子、横光利一等人购买了一等游览券,我们则买了三等,船上的伙计见后露出了诧异的神色,我们倒没觉得这是什么国耻。结果我们几个人被特地安排到一辆破旧的汽车里,跟在队伍的最后,但我们却看到了前面的汽车扬起沙尘在沙漠中飞驰的壮观景象,顿时觉得比买一等券更加美妙。在

---

① 日本国立综合大学校长的旧称。羽田亨(1882—1955)于1938年11月至1945年10月任京都帝国大学校长。

安排给我们的开罗小客栈里碰巧遇见了日本人,他们是山本太郎、植原爱算和郡正三一行,正准备前往阿拉伯的麦加。后来听说,就在这一年植原在横渡红海时不幸病死,一行人最后无功而返;但在次年即昭和十二年,他们终于实现了愿望,并受到了沙特国王的款待。开罗的观光给我们一行留下了非常好的印象,同时我个人也深切地反省到,像开罗这样的地方才是历史学家最适合的研究对象。

到了法国后,心情焕然一新。我至今仍无法忘记,跟着学长神田喜一郎学士,在早春拂晓、雾霭氤氲的巴黎,鞋尖踏在柏油马路的林荫道上的感触,只是当时自己还无法决定究竟要学习什么。在法语联盟的学校里,跟不知什么国家、不知什么人种的青年男女并排坐着学习法语,也一直不见有什么长进。期间因看到居城基学士在东洋语言学校学习阿拉伯语,受之启发,新学期开始时我也成了那里的旁听生。法语尚且一知半解,又要去学习一门更难的外语,而且还是最麻烦的阿拉伯语,实在是欠考虑。现在想来,当时的决定实在是荒唐至极。最终,阿拉伯语的学习果然无功而废。

昭和十二年秋九月,罗马尼亚首都布加勒斯特召开世界人类学及史前考古学大会,羽田先生鼓动我作为帝国的代表去出席会议。作为研究中国学问的我,本来无论如何都是没有资格出席这次大会的,不过我觉得浑水摸鱼去参加国际会议也别有一番兴致,于是从政府那里拿到了一笔差旅费后便向巴尔干地区出发了。其实比起布加勒斯特来，更让我感兴趣的是更远的土耳其和埃及。草草参加了人类学会后，我便直奔土耳其，在伊斯坦布尔停留了十几天，伊斯坦布尔的风物果然让我大饱眼福，于是我变更了行程，经陆路由小亚细亚进入叙利亚，随后被沙漠旅行的魅力所吸引，又前进至伊拉克，探访了摩苏尔和巴格达。虽然想接着前往伊朗，但因担心旅费不足而返回了叙利亚，经由巴勒斯坦进入埃及，在探访了中埃及的古迹后横渡地中海，经由希腊和意大利返回了巴黎。

今天，我们不论是在中国游历还是在欧洲旅行，几乎都不会有身处异乡的感受，真正有异国风情的是西亚。西亚的阿拉伯人虽然身染文明的弊风，时时有愚弄外国人的动作，但也自有常识的限度，我们不可因为有这样的小事而畏缩不前。尽管经常有人问我，在万里之外的异国他乡单独旅行会不会有危险，我倒觉得没有比孤独的旅行更轻松愉快的事了，特别是对像我这样对什么外语都没有自信、不敢主动向别人搭话的人来说，孤身一人时，总是有好心人主动问这问那，给予种种关照。只要所到之处有人居住，便丝毫不会有像日本内地的登山家那样屡屡迷路、倒毙途中的危险。

一直以来，到此地旅行的日本人不是外交官就是公司职员。外交官可以搭乘飞机，驱驰专车，与国王谈笑，与达官贵人应酬，他们不知旅行的辛苦，因而不可与我们的体验相提并论。大公司的职员，所到之处均有联系，来去车站都有接送，可能只有身处车中时才稍觉孤独。与此相比，我们自定计划，自搬行李，如蝼蚁、蜗牛般贴地而行，其中甘苦自不可同日而语。只是公司职员诸人不论何处均挺身而入的勇气值得赞赏，虽是拜荷包的威力所赐，却也让人觉得比起外交官来尚有一日之长。

在外研究的限期为两年，初虞其长，终叹其短。初时手足无措，不及与故国通讯，终时时间紧迫，无暇作书。结果我几乎没有向知己诸人回过该回的信，音讯不通地度过了两年。自忖其罪非浅，归国后当平身低头以谢，结果回国之后只有以一路辛苦等温言存问者，未见有人前来问罪。虽然窃幸不必平身低头，但心中始终不安，自感至少应当草就西亚旅行记一类的文字，供相识诸人一览以赎罪。无奈归国之后俗事多端，迁延至今。幸好有生活社的招诱鼓动，乘此机会终于完稿，如今且将付梓。

世间没有比旅行记更难写的东西。学者的游记像论文，文人的游记又像新闻报道。本书无两者之长，却兼两者之短。不仅如此，写作动机既已如上所述，书中因而屡屡过多涉及自己的私事，也不无向未曾谋面之人公然自曝金钱上的琐事等令人汗颜之处。只是念及此等亦属风俗之机微，江湖上若有将来想雄飞于世界的读者，亦不可视其为与己毫无关系者。在听闻被称为"剃刀大臣"的陆奥宗光伯爵曾将《左传》中的应酬名句抄录座右以供参考时，我曾暗呼原来还可如此而大为感服。而若能事先得知广阔世界中尚有超出我们想象的精于敏锐复杂之盘算的民族这等事，将来必定会于己有益。

在巴黎时,屡屡有人问起像我这样研究东洋史的人为什么要来欧洲,法国是否有如此了不起的学者(或者说日本的东洋史学是否如此落后),对此我不知如何作答,同样的问题在旅行西亚时也被时时问到。本书亦可算是对以上问题的一个迟到的回答。

本书原本打算仅以《西亚游记》一篇结稿,因念既欲使其问世,恐不可仅以琐屑私事奉献读者,且读者亦可能兴起对西亚在历史上究竟为何等地域的好奇,因而附以《西亚史概述》一篇以作答。此篇同时也是我平日对历史学的基本看法的一个陈述,这或许能够对在本国尚未得到开拓的西亚研究带来一些刺激,果能如此,则是作者望外之喜。

宫崎市定

1944 年夏

第一部 西亚游记

土耳其共和国

伊 斯 坦 布 尔

昭和十二年(1937)九月七号的傍晚,我乘坐的罗马尼亚蒸汽船在黑海上一路破浪南行,大幅地改变方向后,进入了博斯普鲁斯海峡。

该海峡最宽处有四公里半,最窄处尚不满一公里。从黑海的出口前行约三十公里后,海峡豁然变得宽阔,并更名为马尔马拉海,这里便是伊斯坦布尔市的所在。伊斯坦布尔人口八十万,是典型的丁字形航道都市。土耳其人讨厌欧洲人仍用旧名称其为君士坦丁堡,因而,最近若在信件的收信地址上写上君士坦丁堡,信件则会以查无此地为由被退回。

船到达伊斯坦布尔时,夜幕已经降临,全城的灯影倒映在海面上,熠熠生辉。

码头上满是你推我搡的迎客人群,但与孤身天涯的旅客毫无瓜葛。我早早地溜出了杂沓的地段,来到了大马路旁。拦下出租车后命其前往帕克旅馆。狭窄的坡道上有电车通过,出租车就紧贴着电车前行。坡很陡,让人不禁想起了长崎市内。蜿蜒爬上了长长的坡道后,刚来到稍微平坦一些的广场,接着又马上变成了下坡,不一会儿,我就在帕克旅馆的门口下了车。

当时天色已晚,看不清旅馆是什么形式的建筑。被领进客房,发现房间的天花板很低,形状也不规则,看起来不像是上等的客房,所幸还算整洁。

丁字形航道都市

我所谓的"丁字形航道都市",是指在航道呈丁字状交叉的地点形成的都市。其代表之一就是伊斯坦布尔,中国的上海、武汉则可与之比肩。仔细观察航道的方向,可发现大航道呈东北—西南方向,小航道则近似于垂直地汇入大航道中。小航道或许是为了便于用作驳船的避风港,亦能避开南北强风。另外,这三座城市均位于北纬三十度至四十度附近。

旅途的疲劳让我沉沉睡去。第二天早上醒来后,从窗口往外一看,好一派迷人景致! 要是窗户再宽一些,似乎就可眺望到以金角湾为中心、横跨博斯普鲁斯海峡和马尔马拉海的伊斯坦布尔市区全景了。我顿时高兴起来,急忙冲出了房间。

旅馆庭院面临悬崖的一角是露天阳台,餐厅就设在这里。从这里眺望,景色虽然没有预想的那么好,但天气暖似阳春,又有从背后的佩拉山上吹下来的凉爽秋风,说不出来的快活。

日本大使馆就在旅馆旁边,我因此前往致意。若是在欧洲本土,就算前往大使馆或公使馆,对方也不会因为来了日本人而觉得稀罕,如果没有特别的事情我也从不去露面。欧洲的中央各国,留学生其实已经过多了。可是在偏僻的地方,或许是因为来访者太少,如果到大使馆或公使馆去,对方可以提供很多方便,并且出了事也没有别的地方能够给予照顾,因此不管怎么样都应该首先前去致敬。

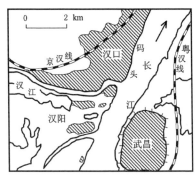

武汉

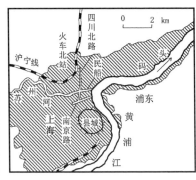

上海

3

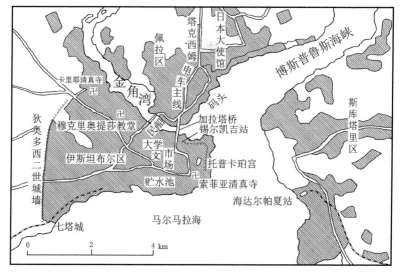

伊斯坦布尔

　　大使馆中有一位和我同姓的宫崎参事官,给了我一本题为
《土耳其共和国概要》的油印小册子。这本小册子好像是不久前
日本的"足柄"号驱逐舰前来停泊时,为散发给官兵而编写的,但
其中非常得当地概括了土耳其的情况。册子上印有"内部机密"
的字样,但里面似乎并没有什么必须对外保密的情报。

　　从大使馆告辞后,经过旅馆的门前,顺着坡道而上,不久就来
到了塔克西姆广场。广场正中竖立着胜利纪念碑。纪念碑是为
了纪念新兴土耳其共和国的建国之父凯末尔·阿塔图尔克的土
麦那大捷而建造的,是一组以阿塔图尔克为中心的十人左右的
群像。

这里可以简要地回顾一下土耳其共和国建国的历史。建国前的土耳其帝国曾经在过去的五百年间横跨欧亚两大洲，威势显赫，后因为内部纲纪的腐败而逐渐出现了瓦解的征兆，此时偏遇第一次世界大战的爆发。土耳其帝国加入了德国一方，与协约国作战，虽说已是强弩之末，但仍在达达尼尔海峡的防卫战中击沉了英法的巨舰十艘，在加里波利的陆战中对阵八十万敌军，杀伤十余万。指挥这场陆战的猛将便是凯末尔·帕夏，也就是后来的凯末尔·阿塔图尔克。大战以协约国的胜利而告终后，土耳其宫廷只是怀着保全自身的微薄希望而压制国内汹涌澎湃的改革浪潮，并屈从英法的要求，签订了《色佛尔条约》。这个条约不但要瓜分土耳其帝国此前占领的广大领土，甚至土耳其本国的领土都将四分五裂。面对这样的国耻，奋起抗争的正是当时由凯末尔·帕夏率领的土耳其国民军。他们趁协约国的步调不整，击败了分割土耳其的急先锋希腊侵略军，夺回了伊兹密尔（士麦那）。德国的同盟国在战败后均被强加了不可名状的屈辱，只有土耳其，尽管处于混乱之中，却能够断然对本民族进行国民重组，打倒腐败的宫廷官僚政治，在凯末尔·阿塔图尔克的旗下，以新兴的土耳其共和国的姿态获得了重生。土耳其的各个城市中，一定会有竖立在广场中央的凯末尔·阿塔图尔克总统铜像，而眼前的胜利纪念碑就是我在这次旅程中见到的第一个。其所处的塔克西姆广场位于市内的高处，正是树立这种纪念碑的绝好场所。还有，"塔克西姆"的意思是设在地势高处的蓄水槽，饮用水由此经水管流淌到低处。这些水管是土耳其苏丹马哈茂德一世时所建,距今正好约两百年。

从塔克西姆广场沿电车轨道缓缓而下的坡道便是佩拉街,据说是该市最大的繁华街区。其中既有著名的一流大饭店佩拉宫饭店,也有众多的欧式餐厅,等等,但这些都和我没有什么干系。伊斯坦布尔是土耳其国内最为欧化的地方,而在伊斯坦布尔,佩拉区又是最具欧洲风情的场所,只要想想上海的南京路一带便可知晓。

顺着佩拉街一直向下,尽头是地铁站。不过我身上带的土耳其货币尚不足乘坐地铁。稍稍绕道下坡,到达平地后,周围一带是银行区。打听后我找到了奥斯曼银行,用信用证取到了钱,这下才终于获得了行动的自由。银行换给我的比价是英镑一镑换土耳其货币六里拉二十六皮阿斯特,后来听说如果身上有英镑现钞,黑市价可以换到十里拉。"黑市价"、"黑市买卖"等是这次旅行中生平第一次听到的词汇。

今天走来一看,昨晚拦下出租车的地方,原来是在连接佩拉地区和金角湾对岸的伊斯坦布尔地区的加拉塔大桥旁。过了桥进入伊斯坦布尔地区后,立刻感受到了强烈的土耳其氛围。道路弯曲得非常不规则,但散步时却反而因此别有一番趣味。

为了不迷路,沿着电车轨道一路走去,不一会儿来到了一片有着狭长草坪的广场。广场上矗立着从埃及带回来的大方尖碑,侧旁有据说是以前德国皇帝赠送的喷泉亭。广场前面有一座很大的清真寺,一开始觉得这或许就是那座著名的由圣索菲亚基督教堂改造而成的阿亚索菲亚清真寺,但进去看了之后发现并不是我想象的那样,而是一般通称为"蓝色清真寺"的艾哈迈德清真寺。

如其名所示,这座清真寺是奉艾哈迈德一世之命,由大建筑师穆罕默德·阿加亲手营建的,从 1609 年 12 月到 1616 年 10 月,前后花了八年的时间。之后这座清真寺成为土耳其皇室的专用寺院,正式的宗教仪式均在这里举行。为了显示其特权,一共建有六座光塔,光塔数量的多少显示着清真寺的级别,少的一二座,多的也只有四座,拥有六座光塔的清真寺据说只有艾哈迈德清真寺和阿拉伯麦加的总寺克尔白清真寺。

这座清真寺据说在 1912 年 6 月遭遇了大火灾,但大殿的圆形穹隆顶看起来并没有受到破坏,装饰着蓝色瓷砖的墙面非常漂亮。这也是"蓝色清真寺"这一名称的由来。大殿的面积据说是 72 米乘 64 米的四边形,非常宽敞。地面到屋顶的高度似乎还没有人量过,因为所有的指南上都没写明。进入寺内,首先感觉到的就是非常明亮。这也没什么好奇怪的,抬头向上看,以中央的大圆穹为中心,周围附有四个半圆穹,其外一周又有十二个半圆穹,每一层都有窗户,一共有四层窗户以供采光,明亮是当然的。

日本人似乎还没有充分认识到穹隆顶建筑的美,这可能与日本的木构建筑无法造出穹隆顶,因此习惯了直线型的古建筑有关。故而就算是在赴欧途中,面对开罗等地出色的穹隆顶建筑时,也无法发现其真正的价值。本来,"天圆地方"是古来宇宙的法则,若是仔细观察就会发现,就算是日本的木构建筑,在屋顶的坡度、屋檐、天花板上的装饰线、虹梁等处,也无不尽量使用曲线,因为这样才自然。

起源于埃及的直线万能主义的建筑风格传到希腊后,在极度发达的同时也陷入了停滞,此时,西亚新出现了穹隆顶建筑,并逐渐传向罗马世界。带有浓厚的北欧乡村风格的哥特式建筑,基本上可以说是直线型建筑,以后逐渐被来自意大利文艺复兴风格的采用穹顶的建筑所压倒。如今,欧美一流的大型优雅建筑在中央基本上都建有大型穹隆顶,这在建筑技术上也是一个很大的进步。

穹隆顶建筑原则上不需要立柱。本来立柱只是承受重量,很容易倒向水平方向。日本的木构建筑和西方初期的石构建筑,都是首先竖起立柱,然后再在上面架上横梁,盖起屋顶。与此相比,穹隆顶建筑的原理则截然不同。首先要建起坚固的墙壁来取代立柱,然后在上面砌出圆形的屋顶。由于要利用墙壁来防止屋顶因自重向水平方向扩张,所以墙壁不但要承受来自垂直方向的压力,还要能够承受来自水平方向的压力,因此,不能使用一根一根单独竖起的柱子,必须使用坚固的、不容易倒向水平方向的厚墙。就算使用作为装饰的立柱,但最终还是要通过墙壁来承受屋顶的水平张力。从这一点上来说,与西方建筑的墙壁完全不同,日本建筑中的墙壁不过是将柱子与柱子之间用泥巴糊起来而已。而清真寺建筑的墙壁从一开始就是有张力的平面,因此,在墙壁上

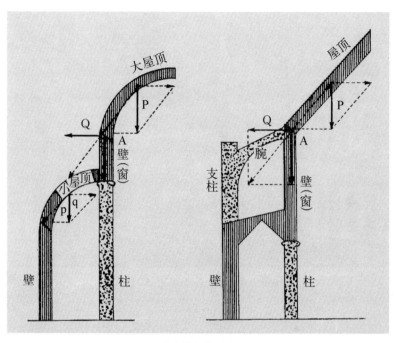

屋顶的力学原理

右：哥特式建筑。屋顶的重力 P 作用于 A 点时，分力 Q 是水平张力。为此，需在外墙上设立支柱和支架承受此力。

左：穹隆式建筑。大屋顶的重力 P 作用于 A 点时，分力（水平张力）Q 主要通过小屋顶重力产生的分力 q 进行缓解，此外壁柱也可以承重，无需外部的辅助支架。

凿出窗户就会降低墙壁的受力度，对于这一类型的建筑来说可以说是付出了巨大的牺牲。为了让巨大的清真寺内部的每一个角落都能够在没有灯光的情况下诵读《古兰经》，这就要求建筑家不得不使用非常坚固的建筑材料。相比之下，同时代北欧的哥特式建筑内部昏暗，根本不能与其同日而语。

从蓝色清真寺出来绕到北边，立刻找到了索菲亚清真寺的入

索菲亚清真寺内景（原著第 309 页）

口。这座教堂不用说是东罗马时期的建筑,原本是查士丁尼大帝在位时于 532 年到 537 年间建造的基督教堂,土耳其帝国征服东罗马后将其改造成了清真寺。一直保留在外部走廊墙壁上用马赛克装饰的宗教画,进入 19 世纪后被土耳其人涂掉。伊斯兰教虽然并不基于正确的教义而刻意禁止生物绘画或雕刻,但因顾虑其往往堕落为偶像崇拜,因而并不倾向于保存生物画。现在,原来的宗教画再次显露出来而能够得见,据说是美国人托马斯·惠特莫尔得到土耳其政府的特许,让人剥离了墙面涂层以后的事情。

　　拐过走廊,来到大堂的穹隆顶下方。由于这座清真寺原来是中世纪的基督教堂,因此内部的装饰也非常繁杂。尽头挂着一个

索菲亚清真寺外景(原著第309页)

很大的圆形匾额,左右两侧分别用漂亮的阿拉伯文字写着先知
(穆罕默德)和真主(安拉)。其后设有讲台,讲台的方向原本必
须朝向南方的麦加,但由于这座建筑本来是基督教堂,因此在方
位上并没有什么讲究,讲台被设置在与建筑物朝向成斜角的方向
上。不止如此,据说整座大堂的正面本来是朝南的,改成清真寺
后,被调过头来朝北了。

　　因为是古老的建筑,采光不是很好,内部相当昏暗。房顶上
垂下来很多吊灯,一则是因为过去用灯芯的煤油灯发不出很亮的
光,二则要方便点灯,所以吊灯一直垂到低得伸手可及的地方。
习惯了现代建筑的照明装置后,会认为吊灯都是紧挨着天花板,
从高处照亮大堂的内部,但这种观念在这里必须加以纠正。

这座建筑建于公元六世纪前半叶,相当于我国安闲、宣化天皇时代,①其后虽经历次修复,然其历史连绵一千四百余年。不知是因为哪一点,它在我的脑海中烙下了深刻的印象,低徊不去。

从中世纪的氛围中脱身而出,走出正门,外面是地中海沿岸常见的秋日晴空,明媚灿烂。再次来到蓝色清真寺前面那有着狭长草坪的广场,继续向西行进,来到了巴耶济德广场。广场北面是国立伊斯坦布尔大学的大门,附近有西亚地区特有的市场(Souq)。一旁的咖啡馆里传来了收音机播放的音乐,不知是不是耳朵的问题,怎么都觉得那音调很像是中国音乐。

巴耶济德广场是电车的集散车站。站着观察了一会儿,发现前往塔克西姆广场的车来了,赶忙跳了上去。根据至今的亲身体验,我觉得在陌生的地方,电车是最安全并且最经济的交通手段。就算是发生诸如搞错了换乘站点这样的事情,从车费和时间上也可以觉察得出来。坐过两三次之后,无论哪个城市,其大致的运行体系就基本清楚了。在伊斯坦布尔,塔克西姆广场和巴耶济德广场之间是电车的主干道,基本上所有的电车都要通过这一区间。明白了这一点后,以后我每天早上都在塔克西姆广场上车,沿佩拉街的坡道而下,通过加拉塔桥后来到巴耶济德广场,从那里继续步行向前,或是干脆电车开到哪儿就坐到哪儿。这里的乘务员比较官僚,有时态度非常专横,但却相对正直,想必没有私吞

---

① 公元 531—538 年。

车费这样的事情。

在塔克西姆广场的胜利纪念碑前下了电车,回到旅馆,洗了澡后,来到了阳台吃晚饭。一个年轻的侍者一身黑衣打扮,显得非常整洁,操着流利的法语来回接受客人的点菜。除了欧式饭菜以外,还有土耳其式的。面包叫作埃克梅克(Ekmek),汤叫作乔尔巴(Çorba),米饭叫作皮拉乌(Pilav)。塔武克素尤(Tavuk Suyu)是放进了类似葵花籽的东西的汤,西西凯巴布(Şiş Kebap)是肉和青辣椒的烧烤串,伊玛目巴伊尔蒂(Imam Bayildi)是在茄子里面塞进了油炸卷心菜的东西,卡尔尼雅里克(Karni Yarik)是塞在茄子里面的碎肉。埃里克考姆帕斯托(Erik Kompasto)则应是某种果汁,味道又甜又酸,很像中国的酸梅汤。点咖啡时必定会问是要法兰西式还是土耳其式的,法兰西式的即欧式咖啡,土耳其式的则是没有过滤过的咖啡,黏稠,味道浓烈,喝完后会留下很多渣滓。甜点是香瓜,非常甘甜。伊斯兰文化圈的瓜是非常有名的。瓜的原产地应该就是波斯或中亚,随着土耳其帝国疆域的不断拓展,高级的瓜种也传入了巴尔干半岛,并一直传到奥地利的维也纳附近,因而深受其惠。瓜也通过中亚传到了中国,远在两千多年前,西汉张骞出使西域时,在波斯看到一种瓜后感到非常吃惊,"有瓜,如马头",①这可能就是西瓜。中国栽培西瓜据说要迟至五代时期,距今约一千年。在缺乏饮用水的西亚干燥地

① 出处未详。

带,含有丰富的水分、类似骆驼驼峰一样的甜瓜和西瓜是不可缺少的食品。上天的安排诚为至妙,若不是干燥之所,便生长不出这样的大瓜(我把土耳其的甜瓜种子带回了日本,试着在故乡信州①种植,但终因土壤中水分过多,种子均烂而不发)。伊斯坦布尔市内没有很好的饮用水,因此就餐时绝不会免费提供饮用水。若想点瓶罐装的"依云"水,则比啤酒还要贵。而到街上花一二十皮阿斯特,就可以买到跟小孩的头差不多大的甜瓜回来,只要吃上一个,便可补充足够半天的水分,正是一箭双雕。似乎上天已经安排好了似的,在没有水的地方不用喝水也能活得下去。

虽然有人嘲笑伊斯坦布尔是个肮脏的城市,但对于熟知中国并且在巴尔干旅行过的我来说,并不觉得特别脏。不如说作为感觉最好、最美丽的城市之一留在了我的脑海之中。最初只打算在伊斯坦布尔停留一个星期左右,但住着住着心情便渐渐好了起来,这一次足足逗留了十二天。

翻阅报纸,发现正在大肆报道总统阿塔图尔克的爱女乘坐飞机,从罗马尼亚首都布加勒斯特举行的世界人类学暨先史考古学大会归来的消息。其实我也作为日本帝国的代表出席了这次会议。当然,我既不是人类学研究者也不是考古学研究者,只是因为受京大东洋史研究室主任教授羽田博士的鼓动,途中顺便前去看一看所谓国际学术会议到底为何物而已。参会的学者大都是

---

　① 信州,今日本长野县,宫崎市定的故里。

医生,说起话来丝毫不投机,也不可能投机。但在某次游园会的席上,有一个认出我是日本人并向我搭话的土耳其姑娘,就是后来听说的这位凯末尔小姐。在大会的开幕式上,凯末尔小姐做了大会发言,好像是必须建立土耳其学一类的话题。大会主席是瑞士的彼得博士,据报纸说他好像随凯末尔小姐一起乘坐飞机来到了土耳其首都安卡拉,受到了国宾级的欢迎。

读了这样的报道,我突然有了到伊斯坦布尔大学去看一看的想法。在巴耶济德广场下了电车,进入伊斯坦布尔大学校门,打听文学院的位置,结果被告知文学院单独设在稍稍靠西的另外一个校区中。再次来到巴耶济德广场,顺着电车道往前走,在尽头发现了文学院的建筑物。一路向前寻找地理历史系的办公室,哈基·阿克约尔教授出来接待了我。我向其打听有没有什么古代的地图或文献,他拿出来给我看的是四大本土耳其语的世界地理书。其中色彩鲜艳的地图似曾相识,结果发现是荷兰奥特柳思地图的土耳其语译本。另外,他还给我看了最新制成的十五世纪左右欧洲古地图的复制品。这部地图的原件,直到最近才在托普卡珀宫中发现,当然也没有出现在著名的瑞典人诺登舍尔德编的《古地图集》(Periplus)中。虽然据说是哥伦布以前的东西,但其中只有欧洲和地中海一带,似乎并不是什么举世无双的珍品。据教授所言,这所大学的创立时日尚浅,资料收集得并不充分。此外还提到了不久前来访过的大久保幸次,称其土耳其语非常流利,说起来和土耳其人没有什么区别。教授还带着我到教室转了

15

一遍,正好赶上新学期快要开学,学生们三三五五,匆匆忙忙地走来走去。

离开大学,走在大学前面的街道上,发现有两三家旧书店。进到最大的一家,询问是否有刚才见到的奥特柳思地理书的译本,被告知暂时没有,但经常能进到货。因为较为罕见,价格据说要当地货币八十到一百五十里拉左右。换算成日元则要二百五十甚至五百日元,很遗憾只能作罢。看了一下新书的柜台,有很多关于维吾尔语研究的书。在现在的土耳其,维吾尔语代表着尚未受西方影响、保留在东方的纯粹的土耳其语。要昂扬土耳其人的民族意识,就必须回到那里,恢复作为东方人的自觉。

大学主校区附近有伊斯坦布尔著名的市场(Souq),欧洲人称之为巴扎。虽然这一类的市场并非仅见于伊斯坦布尔,在西亚一带非常普遍,但若从伊斯坦布尔位于欧洲这一地理位置而言,那么说不定它就是欧洲唯一的巴扎了。市场上日用品、古董、家具、原材料等应有尽有,这很接近巴黎的跳蚤市场;从巴扎的街道上方盖有顶棚这一点来说,则让人想起日本的公设市场。巴扎杂乱无章、纷繁复杂的氛围倒很合我的胃口,从那以后,在来回游走于西亚各个城市时,我必定会去一次当地的市场。

市场的入口附近有一家旧书店,其中尽是皮革封面、用阿拉伯文字书写的抄本,书写的是阿拉伯语还是土耳其语,抑或波斯语,我完全搞不明白。戴着眼镜的老板正在一本一本地翻阅着他那脏兮兮的书。试着跟其搭话,结果英语、法语皆不通,仅靠来这里之后才临时抱佛脚记住的从一到十的土耳其语数字,想要跟这位老板搭上话似乎比登天还难。

土耳其新政府彻底废除了沿用数百年的阿拉伯文字,书写土耳其语时全部改用罗马字母。说是必须致力于以新文字来普及新知识,传统的阿拉伯式的东西因而受到了排斥。可以说,现在的土耳其所经历的正相当于日本明治初期憧憬文明开化,致力于打破旧习的时期。这家书店堆积如山的阿拉伯文字的文献中,应当有不少贵重的资料,可是,毫无准备的我,根本没有能力从中挖掘出有价值的东西来。若是有五万十万这么一大笔钱,不管好坏通通买回去,再想办法从中拣选的话,或许会有一些发现,但现在却无法做到(我判断在最近几年之内,如果想搜寻阿拉伯语的抄本,最方便的办法就是去伊斯坦布尔的市场,只是不知道何时才能实现)。

市场的废品收购店里也堆放着皮革封面的书籍,顺便进去看了一下,店主走出来用英语向我搭话。有一本很漂亮的抄本不知道是什么书,又厚又大,试着问了下价格,回答说要五十里拉。这么贵的东西我当然不会买,于是便离开了这家收购店,结果店主一路追来,纠缠不清。好不容易将其甩开,结果在别的店前一停下,那个店主又像风一样出现在了面前,让我再到他的店里去一下。我不由得害怕了起来,慌忙逃出市场。几天以后,我又一次恰巧路过市场,一边注意避开上次那家店铺一边游逛,发现一家店铺前放着《古兰经》的抄本。阿拉伯抄本通常一开始不写书名,必定以"以大慈大悲的真主之名"一句开头,似乎阿拉伯的书籍都是同一个书名,当然这只是一个笑话。所以要从序言中找出书名,需要对语言相当精通。中国的书籍虽说也是大同小异,有时还不得不到故意刁难人的草书序文中去寻找作者的姓名,让人感到很焦躁,但阿拉伯的书籍更难对付,而只有《古兰经》,就算没有标题,也可以从其外形上一目了然。问了价钱,说要二十五里拉。这家店主的执拗程度也丝毫不减前几天的那一位,硬是把我拉到了店里,阴着脸问我多少钱才肯买。当时我也不知道哪里来的胆量,便狠下心说二里拉我就买,结果这下可不得了,店主先是做出吃惊的样子,又好像要和我吵架,后来则向我恳求,连吓带哄,渐渐将价钱降到了五里,此后因其说要保全面子,我便提出让到二里拉半,于是对方终于肯卖了,但越想越觉得可怕。不过真正让我大吃一惊的是,不知何时,前几天的那位店主像一阵风一样忽然出现,站到了我的背后,简直像是被侦探一路跟踪一样。他让我一定再到他的店里去一下,我已悟到羊入虎口,只能随他前去。结果他又拿出了前几天的那本大书,说是会让一大笔,叫我一定要买。问他这到底是什么书,他好像也不知道。又误解了他那奇怪的手势,随口说出这是不是占星术的书,他便马上回答就是那个占星术,其实此人好像并不明白什么是占星术。卖家和买家都对着不知道什么内容的书讨价还价,样子一定很古怪。依照前例类推,按报价的十分之一出了五里拉,对方稍微坚持一下就很快地答应了。

买卖做成后,店主的态度变得非常友好,先是要来了咖啡招待我,坐下来闲谈时又拿出了各种各样的像是古董的东西给我看,但这次已经有了前车之鉴,便不再深入,淡然处之。期间他还不停地称赞自己卖掉的是好书,确实,纸张像羊皮纸一样光滑润泽。当我向其提出这好像是印刷本时,他便说没这回事,这确确实实是抄本,且突然向手上吐了点唾沫去擦拭书上的墨迹,一边擦一边自夸地说:"你看,不是一下子就擦掉了吗?"我赶紧将他的手推开。

我深知在生意人这儿咖啡是不可能白喝的,便问他你该怎么算账,结果他不说话,从找给我的零钱中拿出一枚五皮阿斯特的镍币放了盘子上,并对我微微一笑,真是个滴水不漏的买卖人!

从塔克西姆广场乘坐往埃迪尔内卡帕的电车,在终点下车后,便是伊斯坦布尔西南端的城门,旁边临近海岸的地方耸立着著名的七塔城堡。沿着高高的城墙前行,从半掩的侧门进去,只见门庭荒废,灌木丛生,宛如野地,尽头矗立着高大的建筑。以前这里共有七座塔,七塔城堡之名即由此而来,如今只剩下三座半,看门人逐一开了锁,带我参观了其中的三座。

看门人只会讲土耳其语,其他语言一概不懂,只能指手画脚地向我说明。其所指塔的入口上方,石块上刻着铭文,似乎是东罗马时期的遗迹。这座城堡东罗马时代就已存在,其后在土耳其时代几经修复,一直被用作收容政治犯的监狱。好几个被近卫兵废黜的皇帝都被幽禁于此并最终殒命,被关押在这里并处死的高官大臣则不知其数,这实在是一处秘藏着血腥历史记忆的"伏魔殿"。从狭窄的入口进去,中间是空荡荡满是灰尘的大厅,正中有一口井,看门人做了一个用手掌砍向脖子的动作,《参观指南》上也写着,这里是处决囚犯的地方,砍下的脑袋被投入井中。

顺着狭窄的旋转楼梯往上去,各层都有大小不等的房间。《参观指南》上说这些都是幽禁政治犯以及敌国使臣的地方,但不清楚究竟哪个房间是囚禁何人的,只是每个牢房都让人觉得毛骨悚然,鬼哭啾啾的。塔在日本和中国是优美的,同时也是神圣的,但在欧洲和西亚却多被用作监狱,著名的伦敦塔自不待言,巴黎郊外的万塞讷塔以及纽伦堡的古塔皆然。这应与塔的建筑坚固,

七塔城堡(原著第317页)

且出入口只有一个，便于看守有关。另外，也可能与西方人本来就对因物品的用途而设定贵贱差别不感兴趣有关。就算是供王室居住的城堡，只要有需要，也可以毫不在乎地将其改成监狱。

上到塔顶，这里有如运动场一般宽广。站在靠近边缘的地方往下看，六十三米的高度确实足以夺人魂魄。身旁只有一个语言不通的土耳其人，要是此人突然向我猛冲过来，我必定瞬时由此跌落，摔得粉身碎骨，偶然抱着这样离奇的想法向下一望，不由得膝如筛糠。看门人始终没有觉察到我的臆想，趁着和我一起上到高处的机会，久违似地观赏着四周静谧平和的景色。

还登上了另外两座塔看了看，似乎每一个塔的内部构造都稍有不同，我很喜欢这些塔的怪异风格。

在伊斯坦布尔，不可不去的名胜之一是托普卡珀宫博物馆。伊斯坦布尔本是古代希腊人的殖民城市之一，和罗马一样，以七座小山丘为中心而建。其中第一座山丘位于金角湾和马尔马拉海之间的尖角上，地势最为形胜。此地是古代拜占庭的卫城，从东罗马时代到土耳其帝国时代，皇帝的宫城或冬宫常置于此。自土耳其帝国末期的 1862 年此地遭遇大火之后，皇帝马哈茂德二世便在面临博斯普鲁斯海峡的平地上另建宫殿，托普卡珀宫成为故宫，只是作为离宫被保存了下来。因此虽然名为故宫，但今天已经几乎没有什么值得观赏的建筑，只是作为博物馆陈列着保存在仓库中的宝物。共和国成立以后，这里又有所兴建，现在已经成为可以与东京上野公园比肩的观光胜地。

在泽尼普清真寺①前方附近下了电车,爬了一小段陡峭的坡道后便可以看见艾哈迈德三世喷泉亭,现在已经一滴水都喷不出来了。旁边就是故宫的外门,进门,左手边可以看到圆形的屋顶,即神圣和平教堂。这座建筑本是基督教堂,后改为清真寺,现在则是兵器博物馆。继续前行,来到故宫博物馆的内门,在这里购票参观。

这座宫殿被称为托普卡珀萨拉伊,意思是位于托普卡珀,即大炮之门旁边的宫殿(Serai)。进入内门后,可据竖着的指示牌,从右边开始顺次游览,每到一处即在入口处撕下联票中的一张。各个建筑物内部都充斥着皇帝的宝物,因土耳其帝国曾一时扬威欧亚大陆,各国君主赠送的礼品多如山积。特别引起我注意的是其中有不少中国式的物品。形似中国房屋的碗柜,象牙制的楼阁、匣子,这些都像是中国的工艺品。十八世纪正是整个欧洲都热衷于中国趣味的时代,即使在来自欧洲君主的礼品中,也有极具中国风格的物品,如华沙窑烧造的一套陶瓷餐具就完全是中国风格,其中也偶尔有日本的象牙雕刻坠子等物品。

陶瓷器展厅内完全被中国陶瓷器所布满,从形制巨大的盘、盆,到花瓶、碗之类,不可胜数。青瓷器的说明中称其制作于宋元时代,不过据我所见,只可能是明代以后的东西。大概是明代郑和下西洋以后通过海路从埃及所得,或者是来自埃及总督这些人

① 原文为"ザイサブ寺院",未详所指,可能为 Zeynep Sultan Mosque。

的进贡。即便如此,也是绝佳的收藏。

　　看完右边的建筑后再往左侧,这里就是著名的后宫(Harem)。历史上后宫是禁止男性进入的,宫门由出自黑奴的宦官严加看守。据称这里是皇帝在领土内广求美人、沉湎于逸乐的地上乐园,这些美人来自帝国统治下的各个地区,东至中亚,西至欧洲。我心想这里不知该是何等的雕梁画栋,结果进去一看,出乎意料地竟是一片陋室,令人大失所望。现在当然已经无人居住,只能任其荒废,肮脏不堪,用作马厩似乎更为合适。八角形的大厅看

托普卡珀宫博物馆内的中国陶瓷器展厅(原著第319页)

上去还稍觉惬意，只不过凳子上的绒毯怎么看都不像是上等货。来到后院，见有石砌的长方形水池，过去恐怕是让后宫美女代替金鱼在里面游戏的地方，现在水已微微发黑，浑浊不堪，只是选址极佳，金角湾到博斯普鲁斯海峡的景色尽收眼底，真乃天下形胜之地。佩拉山的山风劲吹，几乎要将帽子掀走，想必盛夏时也是不知何为暑气的世外桃源吧。

从托普卡珀宫出来后稍稍折返，进入了前面提到的神圣和平教堂，即现在的兵器博物馆。这座博物馆也被称为叶尼切利博物馆，里面密密麻麻地陈列着土耳其帝国时期的盔甲和武器。叶尼切利指的是帝制时期土耳其的雇佣兵，主要是以巴尔干地区的白人编成的禁卫军。欧洲的白人竟甘心情愿成为土耳其王室的雇佣兵，并对其尽忠效力，这样的事情似乎有些不可思议，但这是因为我们自明治以来在接受欧洲文明的同时，也不知不觉被欧洲式的思维误导所致。本来，白人在西亚的地位很低，和黑人基本上没有什么区别，土耳其人或是阿拉伯人才是真正的文明人，欧洲人一贯被视为接近于黑人的野蛮人。土耳其对巴尔干的征服是文明人对野蛮民族的征服，将其用作雇佣兵，正与中国自古以来便将蒙古人用作雇佣兵同义。从宗教上来说也一样，在西亚，伊斯兰教属贵族宗教，是位居最上位的崇高之物，而基督教则是下层社会的更为低等的宗教。欧洲人从基督教改信伊斯兰教，正同去其南蛮鸠舌之陋风而化之以中华之风，乃是势之当然。关于这一点，历史是最好的证明。被编入土耳其军队的白人部队，即叶尼切利,悦于境遇的改善,无不感激皇帝的殊恩而竭尽忠诚。土耳其帝国的称霸,在一定程度上要归功于其能够驱使的这些奴隶部队。不过,土耳其帝制到了末期,也开始苦于这些叶尼切利近卫兵的专横。从奥斯曼三世到穆斯塔法四世,即公元 1754—1808年的半个世纪,称得上是叶尼切利的时代,叶尼切利与宫中的宦官勾结,废旧立新成为家常便饭,专横暴逆,无所不为,这正与罗马帝国末期日耳曼军阀的专横相似。不过,两者始终没有想建立日耳曼民族国家或白人国家的意图。叶尼切利的伊斯兰化已经如此这般地彻底,他们的自觉并不是民族的自觉,而仅仅是对自身力量的自信。

借着从高高的窗户漏进来的微弱光线,我凝视着昏暗的展厅内陈列着的步枪、军刀、盔甲、军旗,等等,再闻一闻它们略带霉味的香气,身心都仿佛被带回了几个世纪之前,被土耳其帝国征服的城市的城门钥匙、臣僚和骑士的服装、帖木儿的手镯、皇帝的宝刀,等等。

兵器博物馆前方的庭院里,有一棵被称为叶尼切利桐树的古树。这棵古树的树枝,在宫廷内乱之际,屡屡被用作绞死贼徒(宫廷斗争的失败者)的绞刑架。土耳其故宫是阴谋和内讧频发的是非之地,以至被世人称为"伏魔殿"。就连宫殿的内庭中都有执行死刑的房间,虽然现在不能参观,但据说有一整套拷问和执行死刑的工具。为防此类内乱于未然,拥有皇位继承资格的近亲,都要被幽禁在位于后宫角落上的隔离室(Kafes)中。有一个王子,经历了五十年的幽禁生活后,终于登上了皇帝的宝座,此人就是奥斯曼三世。正是从此时开始,朝廷的大权落入了宦官和叶尼切利之手。而肆意横暴的叶尼切利,最后也为改革者马哈茂德二世所裁撤。到此时为止,不知该有多少叶尼切利军人在这棵树下丢掉了性命。

托普卡珀故宫所在的第一座山丘北面的斜坡上,有考古博物馆,这座博物馆又有古代东方博物馆和穆斯林博物馆等分馆,收藏颇为丰富。据说在帝制末期,以叙利亚西顿地区发掘了精美的古代石棺为机缘,对考古的爱好逐渐浓厚成为建立新的博物馆的契机。

进入考古博物馆,首先映入眼帘的是西顿出土的那件大理石石棺,石棺形制巨大,非常有气势,周围装饰着雕刻细腻的浮雕,俗云此乃亚历山大大帝的石棺,这当然不足为信。旁边还陈列着腓尼基王石棺,在形制大小和精美程度上都稍稍逊色,好像是将他人的石棺挖出后又再次使用的东西。当然,做出这种事情来的懒骨头,肯定不是王自己,而是其遗属。被放进了别人的石棺的王,想必在里面待着不是那么舒坦吧。博物馆的看门人领我去看了已经成为木乃伊的王的尸体,其头皮已经被缝合起来,纠结在一起的头发也如同活物,令人毛骨悚然。看门人不停地叫着merci、merci,[①]是在催要我的小费(Bakshish)。

---

① 即法语的"谢谢"。

古代东方馆收集了很多苏美尔、巴比伦的遗物。在楔形文字的资料中,有看起来总觉得像是中国汉字、金石文字的东西。看来,汉字的西方起源论也不是原来想象的那样纯属胡言。

穆斯林博物馆中最引人注目的是伊斯兰时期的陶瓷制品,特别是用在清真寺墙壁等处的瓷砖,有着美丽的纹样。有些看起来很像是受到了中国的影响。有一件画着梅树、像是青花酒壶的花瓶很让人怀疑是日本的产品。还有两三面中国产的铜镜,其中一件有如下的铭文:

　　　承安三年上元日陕西秉(?)运司官造监造录事任适(?)提
　　控运使高□

这面铜镜的由来不明,如果是附近出土的话,那么则应是金章宗承安三年(1198)造于长安一带,后为蒙古人所掠,又随着蒙古的西征被带到了西亚。总之,这里陈列着的很多遗物,都表现出了东西混合的土耳其文明的特点。

博物馆的周围是托普卡珀故宫公园,面向公众开放。从中可以一直绕到故宫北侧的高处,那里竖立着被称为克劳修斯圆柱的大理石柱,是拜占庭帝国时期建筑的残骸。在附近的地面上,到处散落着大理石的建筑构建,如果进行有组织的发掘,古代建筑似乎能够就此原封不动地呈现在我们的面前。公园入口处放置着很漂亮的纯白大理石雕,造型是老虎捕捉猎物,孩子们骑在上面游玩。老虎的耳部像是被石头砸碎了,裂口还很新鲜。走在市内,也经常可以发现阴沟的盖板竟然是装饰着蔓草花纹的罗马时代的雕刻绝品。虽然这类遗物大多都被收集到了考古博物馆中,但还有一部分流散在外,就算只是在市区内边走边拾,也保证足够建起一两个博物馆来。

与"苏格拉底"的交谈

某天中午,我又来到托普卡珀故宫公园,沐浴着树叶间透下的阳光,坐在长凳上打开了日本带来的地图。旁边的长凳上坐着一位六十岁上下的老人,从一开始就不停地斜着眼朝我这边看着,我偶尔回了他一眼,对方立刻用法语向我搭起了话。

"你看起来像是蒙古人。"

"不,我是日本人。"

"是吗,那这样说还是蒙古人啊。"

真是个不知所云的老汉。在巴尔干一带,若是和陌生人搭上了话,便会被啰里啰唆纠缠不休,因此我尽量保持着警惕。只是这个头发斑白留着短须的老汉看起来不像坏人,我因而决定反过来问问他。

"你看着像是土耳其人啊?"

"不,我是希腊人,名叫苏格拉底。"

28　　我一边想这人真可笑,一边说:

"是那个著名的哲学家吗？"

"对，我就是。柏拉图和亚里士多德都是我的学生。"说着呵呵地笑了起来，看起来脑子也没什么毛病。这次又斜着眼瞄着我打开的地图，说：

"那地图上的字是蒙古字吧？"

"不是，是日本字。"

接着他便说："是吗，那果然是蒙古字。"

这老汉不管什么都想说成是蒙古，不过没办法，对方是苏格拉底，我怎么能辩得过他呢？尽管如此，我还是向他说明了蒙古和日本的不同，他听后说了声"原来如此"，然后话题又回到了蒙古。据老汉说，他的住处附近有一座名叫穆克里奥提莎的教堂，是东罗马皇帝为了迎娶蒙古王妃而建的，问我有没有去看过，并说如果没看过的话一定要去看看，还表示现在就可以带我去。查看了一下地图，确实有个地名标着穆克里奥提莎。因为下午还要再到考古博物馆去看看，决定明天去穆克里奥提莎。苏格拉底老人在我的笔记本上写下了自己的地址，说是因为孩子加入了土耳其国籍并在伊斯坦布尔做生意，自己也来到了这里。对于我来说，"苏格拉底"还活在这个世上，这个发现比得知穆克里奥提莎教堂意义更大。

次日，出发前去寻找穆克里奥提莎教堂，可能是地图上标得不是很准确，怎么都找不到。费奈尔的码头旁边有正教会的主教堂，建筑相当精美。穆克里奥提莎教堂似乎应在此西北方向，但一路找去，只有亚美尼亚教会的古老的教堂，教堂内装饰着古老

穆克里奥提莎教堂
（原著第 324 页）

的油画，我因而认定这就是穆克里奥提莎教堂，然后便返回了。

可是后来一想，按照苏格拉底老汉所说，穆克里奥提莎教堂现在应该已经变成了清真寺才对。于是第二天决定要掌握更加确切的情况后再度出发。以正教会教堂为出发点，理应向西北方向找寻，但道路实在太过曲折蜿蜒，不一会儿便不辨东西了。沿着石子路上上下下，有一个十三四岁的男孩跟在我的后面，试着用英语问他知不知道穆克里奥提莎教堂在哪里，回答说既然如此，他可以带我过去。随后便原路折返，沿着刚刚走下来的坡道再次往上走去。男孩看起来走惯了，速度非常快。这位少年名叫艾哈迈德，说是正在学校学习英语，看起来迫不及待地想要说说看。走了一会儿，又遇到了一个比艾哈迈德年长一两岁的男孩，看起来他们是朋友,这个男孩也跟在了后面,只不过这个男孩一点英语也不懂。过了一会儿,来到了一座破旧的清真寺前,艾哈迈德少年找来守门人打开了门,让我们进去。这座清真寺现在已经废弃,荒凉得很厉害,不过朝着少年所指的天花板,可以看到穹隆顶的高处有基督的脸和十字架,这是这座清真寺以前曾是基督教堂的铁证。只是对照地图,这座寺院无论如何都应该是法提赫清真寺,穆克里奥提莎尚被标记在别处。

　　艾哈迈德少年说还有,站到最前面一个劲儿地向前走。问他刚才看到的是不是穆克里奥提莎教堂? 回答说确实是。只不过这个少年的英语很是乱来,将刚才看过的清真寺说成是 "the mosque I see you see"。满身是汗地跟在艾哈迈德少年的后面,心想这已快到接近西郊的城墙了,正在这时,来到了另一座寺院前。少年们走得很快,我都来不及对照地图。停步后确认这里应该是卡里耶清真寺。

　　清真寺有守门人,板起脸来训斥了想要跟我一起进去的这两个少年,只把我一个人带到里面。前廊的上部、穹隆的墙面上浮现着精美的马赛克画,绘画的主题是基督的言行录。入口处上方的基督埋葬图保存得最为完好。这座寺院是建于公元五世纪前后的基督教堂,历史非常悠久,现在的建筑和装饰完成于十四世纪,十五世纪土耳其人占领了伊斯坦布尔后不久被改为清真寺。不过据说当时壁画等均得以维持原样,从这一点上来说,伊斯兰教徒其实颇有宽大的胸怀,绝非欧洲人所想象的那样仅有狂热的一面。

法提赫清真寺前艾哈
迈德少年和他的朋友
(原著第 325 页)

来到外面,因为害怕怒气冲冲的守门人而躲到了远处的两个
少年认出了我,向我跑了过来,真是些可爱的孩子!艾哈迈德少
年说还有,问我要不要去看,因为已经很累,便谢绝后折返。回到
费纳尔附近,这次有一个据说也是艾哈迈德少年的朋友、一个年
龄较大的青年出来向我搭话。因为是艾哈迈德少年的翻译,所以
不知道是否是其原意,不过好像是想请我去他家坐坐。看了看他
说的家,原来是家理发店。他说要请我喝杯咖啡,请我一定进去,
但因为时间已晚,便挣脱他拽着我的手告辞而去,那青年显得无
比遗憾。在不远处的费纳尔渡口上了船,艾哈迈德和他的少年朋
友挥舞着帽子向我惜别,我真心祈祷这些天真烂漫的少年们能够
背负起土耳其共和国的明天,乘坐驳船进入了金角湾。

卡里耶清真寺内的基督埋葬图(原著第326页)

　　大体上结束了伊斯坦布尔市区的游览后,我动起了渡海前往马尔马拉海中的普林基波斯岛①的念头。来到加拉塔桥下面,在汽船码头抬头看时刻表时,有一个像海军士官的男子告诉我前往该岛的乘船地点。来到那里等了一会儿,看到驶来的船像是琵琶湖②上的游船那样,是盆状的船。乘船漂浮在马尔马拉海上,渐渐远离了伊斯坦布尔市区,不知为何总觉得好像是在巡游近江八景③一样。如此想来,在船到普林基波斯、弃船登岸时,也不禁觉得像是来到

①　此为希腊语名。希腊文 Πρίγκηπος,拉丁文转写 Prinkipos,意为"王子"、"首要"。土耳其语名 Büyükada。
②　位于日本滋贺县,为日本第一大湖。
③　指琵琶湖南部的八处景观。

了竹生岛。①

周长八公里的这座小岛被葱郁的松林所覆盖,只是海岸处有些小村庄。普林基波斯这一名称源于过去名门贵妇舍弃浮世到这岛上来度过余生的习惯。不只是贵妇们,俄国革命的巨头托洛茨基在远渡墨西哥之前,也曾在这座岛上隐居。更为惊奇的是,土耳其政府曾经为如何处理伊斯坦布尔的大批流浪野狗问题伤透脑筋,最后于明治四十三年(1910)捕获了四万五千头,流放到了位于这座岛西北的奥克西亚岛②上。奥克西亚岛正如其土耳其语名所指,是一座尖头的无人岛,那些野狗当然不久之后便都饿死了。

环绕着岛屿的一半,修筑了供游览汽车用的道路。沿着这条路前行,中途折向山路,想登上最高的山丘。踩着厚厚的松树落叶,披开灌木丛而上,透过绿色的树丛,看到了马尔马拉海蓝蓝的海面。躺在枯萎的草坪上,眺望着来去漂浮的白云,耳旁听到了小虫在嗡嗡细语。不知为何,让我想起了小时候在故乡山中采蘑菇的情景。只是故乡信州是山区,看不到海。回头再看看自己的装束,藏青色的西服,白色的太阳帽,我已不再是孩子,这里也不是信州的深山,幻想片刻破灭。

第二天的早上,时隔十二天再次整装,离开客店踏上旅途,渡

① 位于琵琶湖北部的一座无人岛。
② 此为希腊语名。希腊文 Οξειά,拉丁文转写 Oxeia。土耳其语名 Sivriada,两者均意为"尖岛"。

海来到伊斯坦布尔对岸的斯库塔里，在海达尔帕夏站坐上了前往
安卡拉的火车。这里已不再是欧洲，也不是巴尔干半岛，而是亚
洲的西头，小亚细亚半岛的尖端。车上的一个中年土耳其人对着
我说这说那，但我丝毫听不懂。他似乎终于明白了我是日本人，
却仍然打算用土耳其语跟我说些什么。给我看火柴盒的标签和
文字，用手比画着让我读读看。现在的土耳其语已完全改用拉丁
字母书写，看着字母读一下还是能凑合的。于是这男子拍着膝盖
大声说"bravo"。① 似乎是一厢情愿地认为只要能够读出音来，那
字的意思就应该不会不知道。正处于识字运动中的土耳其中年
一代恐怕无法理解，对外国人来说，困难的不是文字，而是语言
本身。

　　铁路东西横贯小亚细亚半岛的中轴线。在地图上，这一
带的高原地貌全部被涂成了褐色，但从车窗眺望，地形的变化
极为多样，刚刚看到的还是如同瓦砾的土山，一下子便来到了
水气丰沛的溪谷，紧接着又驶过了平坦如砥的绿色牧场。曾
经建立土耳其帝国，成就数百年霸业的土耳其民族，便是在这
样的自然环境中暗暗积蓄力量的。现在，掌握土耳其政府实
权的凯末尔·阿塔图尔克一派的人民党，不理会沿海地区的
工商阶级，而将未来发展的希望寄托在这安纳托利亚高原的
农民身上，确是卓有远见。

① 即意大利语的"好极了"。

<table>
<tr><td colspan="4" align="center">**土耳其语月份名及一周七天的名称**</td></tr>
</table>

　　土耳其国内的跨国列车每周都有固定的班次,夏天和冬天的班次不同,因而在查看列车时刻表时,若能看懂月份名及每周七天的名称则比较便利。

月份名

一　月	Kânunu sâni	二　月	Şubat
三　月	Mart	四　月	Nisan
五　月	Mayıs	六　月	Haziran
七　月	Temmuz	八　月	Agustos
九　月	Eylül	十　月	Teşrini evvel
十一月	Teşrini sani	十二月	Kânunu evvel

一周七天的名称

星期一	Pazartesigünü	星期二	Salıgünü
星期三	Çarşamba	星期四	Perşembe
星期五	Cumagünü	星期六	Cumartesi
星期天	Pazargünü		

安　卡　拉

　　到达安卡拉时已经是夜里了。笨重的行李很碍事,因为没打算在安卡拉长时间逗留,便想把它存放在车站的寄存处。找到寄存处后,年轻的站务员为我办妥了寄存手续,又对着我说了很多话。因为他的话中掺杂着英语和土耳其语,所以不太明白他的意思,不过似乎是在向我推荐好的旅馆,并且在纸片上写下了旅馆的名字:

Ibrahim size tmiz bir müsterih aydın oteli

（一座对您来说清洁、安静、明亮的旅馆：伊布拉西姆）

握着纸片来到车站前面,才知道和预想的大不相同。车站建在一片漆黑的原野上,附近根本看不到类似旅馆的影子。如果在欧洲,一出车站,立刻便是闹市区,投宿并不感到困难。但安卡拉虽说是土耳其的首都,却直到最近才铺设了铁路,所以才故意把车站放在这郊外的野地之中。站在原地束手无策,忽然看到广场的一角刚刚从车站出来的乘客正登上一辆客车。旅行时间长了,第六感便会异常发达,我立刻明白了这是开往安卡拉市区的客车,赶紧纵身跳了上去。买票时说不出目的地是哪里,只能不停地重复着安卡拉、安卡拉,接着吃惊地发现就在我的眼前背对着我坐着的,竟是刚才那位寄存处的站务员。这位身穿制服的站务员马上接过我的话,替我说出了目的地,并帮我买了票。万事都如此这般机缘巧合,我只能把一切都托付给这位工作人员,听天由命了。

汽车进入市区后不久,站务员要下车了,并暗示我也下车。我跟在他后面,被带到了一家很小的旅馆。站务员好像也住在这里。旅店的房间怎么都觉得肯定有臭虫,不过事已至此,不能奢求更多。将奥地利维也纳购买的驱臭虫粉洒在床铺周围便躺下睡了。第二天早上,下到柜台问是否提供饭食,正好碰上昨晚的站务员,他正与同事一起出门上班。

　　安卡拉的城区北靠古城遗址,街市分为新旧两个城区。新城区向东延伸,是总统凯末尔·阿塔图尔克刻意营建的,其中遍布政府机关和学校等部门,尽是近代欧式建筑,释放着土耳其新生的气息。参观首先从旧城区开始。离开旅馆后向北沿坡道而上有一座广场,广场上有总统铜像。由此向前,坡道变得狭窄,两侧密密麻麻地挤满了老式的咖啡馆和杂货店。在这里果然看到了由底层向上至二层三层逐层变大的住宅,这样的住宅在伊斯坦布尔城外曾见到过,我将其命名为"大头民居"。这种住宅之所以在西亚一带普遍存在,或是为了便于通风以抵御暑气。后来在法国里昂市的小巷里也发现了同样的住宅,我认为这可能是受了伊斯兰教徒的影响。在伊斯兰教很早就传播到的中国,特别是中国的南方,感觉也应该有同样的建筑,只是我还没有遇到过实例。

　　穿越旧城区向北,看见耸立在山丘上的安卡拉古城遗址。历史上这里曾再三争战,腥风血雨,最著名的就是蒙古帖木儿在这里歼灭土耳其国王巴耶济德大军的战争。在山脚下的蔬菜店买了很多甜瓜,背着向山上走去。途中没有了道路,只能顺着遍布沙砾的斜坡向上爬行。爬了一会儿回头眺望,发现视野逐渐开阔,心情很是舒畅。到了顶上,看到有土耳其人的小村落,庄严的城堡遗址就在眼前。不经意间发现巨大的城门石垣之间,砌着好几块横置的石块,上面雕刻着基督教圣徒形象。这些石块恐怕是东罗马时代的雕像,被用在这里真是可惜。话虽如此,如果以后有考古学家将它们取出来复原古代教堂之类的话,虽然教堂可能得以复原,不过却又破坏了土耳其时代的城门。孰是孰非,的确是个难题。

安卡拉的"大头民居"(原著第 331 页)

安卡拉古城遗址城门石垣上的基督教圣徒像(原著第 331 页)

　　古城址的西北侧是险峻的断崖,眺望起来景致更佳。坐在巨石上,一边吹着凉爽的北风,一边品尝着甜瓜。放眼望去,脚下横亘着和平的都市及其郊区,五百年前蒙古英杰帖木儿和土耳其枭雄巴耶济德在这里上演的你死我活的激战恍如梦境。历史学家一般认为,在这场鏖战中被击败的巴耶济德成为帖木儿的俘虏,并被关在铁笼中运走。柏林郊区波茨坦离宫的壁画上,也绘有彪形大汉巴耶济

安卡拉古城遗址(原著第 332 页)

德在铁笼中怒吼的骇人情景。不过此外还有一说认为事实并非如此,运送巴耶济德的不是铁笼子,而是土耳其语所谓的 Kefes(肩舆)。这个词除意指鸟笼外,还指覆有铁丝网的肩舆,由此引起了误解(Carra de Vaux:*Les Penseurs de l'Islam I*,p.57)。

下山之后前往新城区,找到了安卡拉大学,看是否能寻访古维吾尔语学者葛玛丽女士。[①] 新学期似乎还没有开始,校部的值

---

　① 即德国土耳其学家 Annemarie von Gabain(1901—1993)。

班员把我带到了稍远的文学院。打听之后得知女士为出席学术
会议已于前一天出发去了伊斯坦布尔，正好与我擦肩而过。其实
即便见了面也没有什么特别想说的话，只是研究室的主任教授羽
田博士曾说过，若是到了土耳其可以去拜访一下，因而顺便前来，
不过听说女士不在，还是觉得很遗憾。出了大学后，又到附近的
民俗博物馆看了看，发现博物馆刚盖好，展品还很不充实。在文
化发展方面，土耳其正处于黎明时期。

开　塞　利

　　若从安卡拉直接前往叙利亚，只能搭乘夜班火车，这样就看
不到沿途的景色了。找了找沿途可以过夜的地方，发现在稍稍离
开铁路干线的地方，有一座叫开塞利的古都。既然名为开塞利，
那必定是罗马时代建成的都市，①想来历史悠久。因此计划赶在
下午到达并在那儿住一宿，再从那儿转乘白天的快车。计划定好
后，便乘坐下午的火车离开了安卡拉。在博阿兹凯布鲁②换了车，
想找乘务员补上一直能坐到开塞利的车票，结果一位头发花白、
看起来人很和善的乘务员走了过来，在我对面的座位上坐下，很
有耐心地跟我说这说那。说是票不用补也可以，又拉来一位会讲

---

①　开塞利(Kayseri)的语源为拉丁语 Caesarea(凯撒里亚)，作者当是据此做出的这一判断。
　　实际上开塞利的历史可追溯到罗马之前。
②　未详其地。"博阿兹"当为土耳其语 Bogaz，意为海峡、山道。"凯布鲁"可能为土耳其语
　　Köprü，意为桥。

法语的青年,请他到了开塞利后照顾我,说完便离开了。

　　火车到达开塞利站时天已全黑。土耳其青年说因为对方会提供方便,一定要向驻站的巡警报个到,并抢过我的护照向站长室方向走去,我也跟过去向巡警行了礼。来到车站外,发现这个车站也位于荒野之中,离市区似乎还很远,好像也没有什么交通工具,因此想把大型行李寄存到车站的寄存处去。结果土耳其青年让我先等等,又走进车站里去,这次他把刚才的巡警拉了过来。我在一旁看着他们将会做些什么,结果巡警叫住了一辆马上就要出发的马车,把好不容易坐上去的一家人全部叫下了车,让我上车。我心中觉得非常对不住,但这是巡警的命令,只能坐了上去,青年也一起坐了上来。我对他说:"土耳其的巡警真是热情啊。"他回答说:"对,上面的人指示他们对外国人要比对土耳其人更热情。"我仿佛是亲眼看见了明治初年日本西化的时代,于心不安,不过回过头来一想,款待外国人的精神并不是什么坏事。不仅如此,以后日本大概也会有很多客人前来,就算是自己多少有些不便也要热情招待,只是当然不能因人种而区别对待。

　　青年说要介绍我到开塞利最好的旅馆去,心想不知是什么样的地方。结果来到后一看,是座寒碜的两层小楼。店家称单人房已经客满,于是把我带到了五人间的大客房,先来的客人已经睡着了。我旁边的一个男子不停地咳嗽,像患了肺病一样,很是怕人。把行李塞到床底下,坠入了不安的梦乡。

　　第二天早上睁开眼,外面虽是晴空万里,但狂风大作,白尘万丈，开塞利城淹没在尘埃的漩涡之中。雄壮的城墙毅然耸立，确实壮观。城墙上散布着古老的城门，拱形的装饰非常漂亮。有一座名不副实的博物馆，其实只是一个很小的古董展示场所，进去后发现摆放着附近出土的各种文物。此地确实历史悠久，这座古董展示馆如果能够继续收集出土文物，总有一天能够建成出色的大博物馆，向天下夸耀其收藏。穿过城区来到郊外，眼前横亘着一片落寞的荒野。漫无目的地散着步，看到小河岸边有座很大的木造建筑，进去一看是座皮革加工厂。不知是丹宁还是什么发酸的恶臭扑鼻而来，匆匆逃了出来。

为了吃午饭，回到旅馆附近，进了一家西餐馆。旅馆和餐馆中间有一个广场，广场上矗立着总统凯末尔·阿塔图尔克的铜像，旁边有座相对漂亮的清真寺。现在正是祈祷时刻，一个土耳其人用院子前的泉水洗了脸，又细心地清洗了手脚。泉水像是用自来水管接过来的。生活在这样的尘埃之中，祈祷前能用清水洗把脸漱个口，才会充分理解生活的意义，并对之充满感激之情。谁掌握了水源谁就能掌握这个世界。在这里，能够给予水的人便是人心所向。

昨天夜里，马车通过的路旁似乎有座很漂亮的城门。向停车场走去，果然看到了富丽堂皇的城门。在伊斯坦布尔和安卡拉好像都没有看到过这么多美丽的城门。若想观赏土耳其的城门，就应该到开塞利来。在旅馆附近面朝广场的咖啡馆里啜着咖啡，结果又遇到了昨晚送我的那个青年。西亚的咖啡馆并不只是喝咖啡的地方，也是一种集会场所，或者往大里说是一种社交场所。

开塞利的城墙(原著第334页)

也可以这么说,今天的咖啡馆,几乎原样地继承了古希腊城邦国家的集市和罗马的广场的遗风。我判断中国古代的所谓"市"应当也具有同样的性质,但还没能做出明确的结论。在日本,女性的井边会似乎与南洋的洗衣会有着一定的关联,而男性则基本没有这样的组织。以神社和寺院为中心的集会又过于正式。为此,大正时代咖啡馆从西洋传入后,虽然一时间极为流行,但却没有能够发挥其本来的社会功能,反而开始朝着错误的方向发展,结果呈现出了衰败的景象。

　　土耳其青年坐在我对面,一边喝着咖啡一边不停地邀请我到他家去玩。说是家里有父亲还有弟弟，要是有远方的客人前来，他们一定会很高兴，像是要拉住我的手一样劝我去。不过是昨天在火车上偶遇而已，却说得像百年旧知一样，不过听起来并不只是客套话，好像真的是想让我到他家里去。可是作为我来说当然不能贸然前往陌生人家并接受人家招待，于是按照日本的做法，找了很多理由坚持拒绝，青年看起来非常失望。后来听熟悉西亚风俗的人说，土耳其人和阿拉伯人很喜欢将客人带回家中，全家出动，杀鸡宰羊，摆出最丰盛的宴席来款待远方的客人，就算只是一面之交。并且据说这样做是基于《古兰经》的教义，这么说来，伊斯兰教就是最崇尚博爱的宗教了。

　　晚上回到旅馆，向柜台打听明早火车出发的时间，结果昨天那位火车站巡警又赶了过来，又是翻时刻表，又是干什么的，大费一番周折，帮我安排好了明天的日程。又说切莫误了火车，甚至提出明天一早来接我。因为实在太过意不去，我只请对方派一辆马车过来，结果到了第二天早上，这位巡警却乘着一辆马车过来了。到了车站要上车时，尽管我的车票只是二等车，对方却说不要紧，将我送上了一等车厢。就算是在欧洲，到了这种时候也必须要拿出一些小费（Bakshish）来，但是土耳其现在万象更新，总统已经下了严令，公职人员自不用说，就是一般民众也要根绝收小费这种奴隶制遗风。我很赞成总统的做法，再说之前也曾想着还是应当给小费而掏出钱来，结果遭到拒绝，着实令人羞愧不已。因而这次只是向巡警阁下表达了由衷的谢意，之后便离开了开塞利。

一等车厢中只有我一个人,一群穿着西服,看起来像是中学生的少年轮流来窥视这边。其中有一个剃着平头,看起来像是日本人的学生向我说了些什么,但是一点儿也没听懂,好像是比画着想告诉我等乘务员来了把车票给他看。过了一会儿乘务员走过来检查了我的车票,说这是二等车的票,他会给我找到座位,让我换个地方,然后就把我带到了刚才的少年们所在的二等车厢。少年们占了一大块地方,原本很舒服,却被我带着行李挤了进来,很不情愿地让出了座位。不过我因此发现那个平头少年会说几句德语,尽管我的德语也很不拿手,但还是跟他东拉西扯了起来。聊起来后意外地发现少年其实很热情,在博阿兹凯布鲁换车时,还帮我搬运了沉重的行李。

现在火车将要越过托鲁斯山脉。一路所行,像是日本的木曽路①那样,穿越了有山谷河川的溪谷地带。大概因为是国防要地,在到达海岸地区之前,车中严禁拿出照相机。这条规定也是对面的少年告诉我的。就在渐渐觉得无聊时,少年问我:

"矗立在山上的高高的建筑物是什么?"

我看到了像塔一样的东西,便回答说:

"是塔吧。"

随后又问:

"被水环绕的陆地用德语怎么说?"

---

　① 日本长野县西南部的峡谷地带,亦称木曽谷。

我漫不经心地答道：

"岛。"

同时又觉得问题很奇怪，想了想，发现这是我在巴黎上贝利兹外语学校德语班时的问答练习。打听之下才知道这名少年现在在土耳其的铁道部工作，被要求学习德语。无聊之余，想通过我来复习外语，的确是精神可嘉。不过我的德语也只是在高中时作为第二外语学过一点，作为老师实在不称职，只能勉强排列出单词来，性和格的变化全都乱七八糟。

　　火车越过托鲁斯山脉来到了平地，突然变得热了起来。车到达阿达纳，少年下车走了。阿达纳北控高山，阻挡了北风的吹入，因此被称为"土耳其最闷热的地方"。火车在此停留了相当长的时间，期间确实一丝微风也没有吹进来。开车之后稍微凉快了一些。天全黑下来的时候，火车越过了土耳其和叙利亚的国境，不久就到达了叙利亚北部的中心城市阿勒颇。投宿在车站附近的克拉里奇旅馆。

叙利亚、黎巴嫩共和国

阿　勒　颇

　　早上进入食堂，有人从后面对我说："哦哈哟。"① 心想是什么

---

① 　即日语的"早上好"。

阿勒颇的市场(原著第339页)

人,回头一看,发现是一个黑发的外国绅士,乍一看很像是日本人,四十来岁,坐在房间一角的餐桌旁。看起来除了"哦哈哟"之外,他不会说更多的日语,之后便改用英语请我坐下。

这位绅士是美国人,名叫格拉汉姆·斯皮卡斯。他自己说以前曾经去过日本,还说神户的"大丸"是个好地方。我还以为他说的是大丸百货公司呢,结果并非如此,好像是歌舞厅之类的地方,并肯定地说你一定也去那儿玩过吧。不过,外国人心目中的好地方,我们日本人反而不是很清楚,结果对话成了鸡同鸭讲。又讲了些什么日本的女孩子很热情啦等不知所云的客套话。不过,这人倒确实很热心,说自己在这里已经住了很久,熟知当地的情况,告诉我不要喝生水,银行在哪里,该去哪里参观等注意事项,又说如果接下来要去伊拉克的话,他可以给我介绍旅馆,还给我写了一封信。

　　我决定最先参观阿勒颇著名的市场(Souq)、城堡(Citadel)和大清真寺。在旅馆旁坐上电车,经过杂乱无章的市内,停在了某个小巷的书店前。从那儿再回头稍稍往前,在叙利亚银行取出了钱。因为对方只给我大票子,我提出换给我零钱,对方让我去汗古姆鲁克,①并给了我一张写着该地名的纸片。

　　按照对方的指示,从电车的终点站继续向前,看到从警察局的拐角开始,有一条繁华街,上面盖着顶棚,像长长的隧道一般,这就是近东地区著名的市场。一边打听汗古姆鲁克一边前行,只见到一个很大的广场,别无他物。心想该是走错了,又到别处去打听汗古姆鲁克的所在,果然还是在刚才那个地方。于是又回到那个广场,原来在广场入口处的两侧有很多摊位,上面摆着铜钱。一打听,这儿就是汗古姆鲁克。又问在哪儿可以兑换到零钱,回答说本店就可以。我这才猛然意识到,做金钱买卖似乎不一定非要有威风凛凛的大门,也不一定非要有张着金属网的窗口,自己真是太过迂阔了。后来听说,在这一带做兑换生意的都是一流的大资本家,极有信用,数万的交易也立等可就。

　　市场的样子和伊斯坦布尔的差不多,不过在布局和规模上要大得多。长长的隧道似乎没有尽头,天花板上的圆洞中洒下了明亮的光线,一点都不觉得暗淡。穿过市场来到露天,雄伟的城堡

①　即 Khan al Gumuruk。"汗(Khan)"意为商队的驿站。

阿勒颇的城堡(原著第 340 页)

豁然出现在眼前。城堡之宏大在此地显得有些不可思议,城壕和城墙看起来都要比大阪城①更加宏伟。

寻着入口绕到南边,来到了极具威慑力的高高的城门前。大石桥像是将万里长城的一部分搬了过来一样,横跨在城壕上,搭靠在城堡的中心部分。由此向前,台阶弯弯曲曲,不时会遇见结实的铁门,其中,一侧钉满马蹄形装饰的所谓"狮子之门"最为壮观。爬上台阶,来到城堡中心部分的顶上,如平地般开阔。各处散布着古老的建筑物,可惜都已归于荒废。

跟在带路人后边在城内转了一圈,最后进入了拜占庭时代的地下室。这个地下室若一开始就建在地下的话,那么恐怕就

---

①　位于现大阪市内的一座城堡,丰臣秀吉筑于 16 世纪末期。

是为了取水的水井了。离开地
下室,登上西北端的小塔,阿勒
颇市区尽收眼底。凉风习习,这
在阿勒颇非常少见。不知不觉
地便躺了下来,正当迷迷糊糊进
入佳境时,不知在哪儿见过的带
路人走了过来,摇着我让我回
去。我坚持说时间尚早,自己还
想多待一会儿,但被告知这里从
中午到下午一点不许入内。又
坚持问哪有这种规矩,对方说就
写在大门前面的布告上。一边
争吵一边再次穿过什么"蛇之
门"、"狮子之门"之类,就在快

狮子之门(原著第341页)

要到入口处的石桥时,突然看见旅馆里碰到过的那位美国绅士
迎面走了过来。心想莫非是来劝架的?结果此人说他也很长
时间没来这个城堡了,因此前来参观。一起来到城门前的布告
栏一看,上面确实写着上午的参观时间到正午为止,下午从一点
开始。我向美国绅士邀请说一起到哪里去吃中午饭吧,他说
你还没有适应这里的水土,乱吃东西会生病的,还是回旅馆吃
饭的好,自己已经习惯了,就在这里用餐,然后再去办事,说罢
便就此分手。城堡也不是非要再看一遍不可,终于没有再

进去。

坐电车回到了旅馆。然后又乘电车到先前来过的终点站,这次要探访清真寺。来到一看,确实如城堡上所见到的那样庞大而堂皇。其附近还有"蛇之清真寺"①等,但觉得无论去看哪一座都差不多,因此一向都提不起什么兴趣来。

据说阿勒颇市区中的"工匠市场"(Marché de Tâcheron)街颇为热闹,并且有电车通过,便前去参访。在哈吉德门下了电车,所在的街道便是"工匠市场"。这是一条沿着城区外城北墙的街道,贩卖铜铁等工艺制品的商店紧挨着城墙,有的则直接开凿在城墙上,呈现出半地穴的状态。城墙时时裸露在外,偶尔能看到城墙的石块上雕刻着的狮子。狮子纹样似乎是这座城市象征。狮子的四肢像"勿"字一样平行,这也正是法国里昂市的市徽纹样。阿勒颇市模仿了里昂市市徽的可能性不大,如果非要说谁模仿谁的话,那应当是里昂市模仿了阿勒颇市吧。或者里昂市的名字本来就意为狮子,②因此也说不定是一种偶然的巧合。不过无论是哪种情况,都不失为一个能引起人们兴趣的现象。

据说"工匠市场"街的纳赛尔门上有希腊文的铭文,便前去搜访,最后好不容易抄下了这些文字:

---

① 即阿勒颇的 Al-Hayyat 清真寺。
② 里昂的法语名为 Lyon,与"狮子"(lion)一词同源。

ΑΡΤΕΜΙΔW

ΡΟÇΒΑWΝ (Τ)

ΑΥΓΙΕΧΑΡΕ

ΚΑΛΛΙΕΡΗ

ΤΑΙΣΕΙΝΛΝΙΡ

ΕΑΚΥΒΙΕΛΕ

因阿尔特米多罗斯健康开朗地成长，颂里亚·丘别里神之德并奉献牺牲

——据原随园博士的指教

　　阿勒颇城早在公元前二十世纪即登上历史舞台，是亚、欧、非三大势力交错的地方，若用心去寻找，一定会发现更多有意思的东西。从古代到中世纪，阿勒颇一带占据重要的地理位置，如同今天的苏伊士、塞得港一样。考虑到这一点，这座城市出现超出大阪城那样的巨大城堡也就毫不奇怪了。

　　旅馆附近有一座国民博物馆，是阿勒颇考古学会的活动中心，这个学会似乎相当活跃。这座博物馆展示着希腊时代以前的文物，也陈列着苏美尔、赫梯、米坦尼、亚述等地的文物，收藏颇为丰富。在顺次看过时，有一件长大约三寸（九厘米）的青铜塑像引起了我的注意，怎么看都只能认为是来自中国的观音像。公元十三世纪，蒙古人曾入侵西亚，占领了阿勒颇，并毁坏了城

观音像（原著第 343 页）

堡的清真寺，这座青铜观音像恐怕是当时的蒙古人带来的。阿拉伯人排斥偶像崇拜，因而塑像不可能是当时的朝代所造，也不太可能追溯到更早，更不可能是造于蒙古人来袭之后。来到商店，正好有这座塑像的模型卖，便和其他的美术明信片一起囫囵买了下来，对方还给我出具了因是模型可自由出境的证明。

　　从博物馆东侧沿城墙南下。听说在进入安塔基亚门的地方有赫梯文的铭刻，便前去探访。到后发现有一座很小的清真寺，寺内的确散布着大量的石块，上面有些文字，不过我当然是一窍不通了。回去时走在崩塌了的城墙上，看到为平整土地建造房屋，到处的地层都裸露出来了，地上散落着陶器的碎片。正在捡拾时，放学回家路上的孩子们帮起了我的忙。这些孩子的法语都很好。他们问我："日本没有陶器吗？"回答说："有，比这更好的不知有多少。"他们便起了疑心，问："那你为什么要捡这些东西？"接下来的说明颇费了一番工夫。

沙漠中的"君之代"

坐夜车离开了阿勒颇。在叙利亚与土耳其的国境上好像是要更换车头，因此不得不等待了很长时间。从此往东，前往伊拉克摩苏尔方向的铁路大部分都位于土耳其境内，不过日本绘制的地图却往往将铁路画在叙利亚境内。这条铁路其实就是当年德意志帝国修筑的巴格达铁路，是帝国显赫一时的"3B"政策的组成部分。铁路本应从小亚细亚经阿勒颇、摩苏尔到达巴格达，但工程进行到一半时正好赶上了第一次世界大战，战后阿勒颇周边成为法国的托管地，因而土耳其境内的铁路建设就此中断，前方有一部分尚未完工，在即将到达摩苏尔时戛然而止（其后不久便全部通车）。

一对带着孩子的绅士夫妇和我坐在同一个包厢里。夜深之后，因为没法哄小孩睡觉，两个人看起来很是犯难，于是我让出座位靠到了角落，这位绅士因此很高兴，陆续跟我搭起了话来。一开始我还以为他是巴尔干一带的欧洲人，结果原来是在摩苏尔附近担任小学校长的阿拉伯人。我心中窃喜，便向其打听摩苏尔的旅馆等情况。

本以为关紧了车窗后入睡就没什么问题了，但快天亮时睁开眼，发现西装上落满了白色的沙尘。看看窗外，我们的火车正行驶在一望无际的灰色沙漠中。这里的沙尘与中国和日本的不同，

55

颗粒非常细小，像微尘一样，就算刮着风，也感觉不到有沙尘。然而西装上的沙尘拍干净后，才过了一会儿便又不知不觉地落满了白白的一层。

火车上的苍蝇嗡嗡地飞来飞去。沙漠中的苍蝇实在是过于执拗，喜欢停在人的身体尤其是嘴唇上。又不一定是在美人的嘴唇上停留过的苍蝇，况且，如果是以苍蝇为媒介，不管是谁都不愿发生这样的间接接吻。此时我注意到车厢的通道上有一个穿西装的阿拉伯女孩来来回回地走着，仔细一看，她露在外面的手臂上，到处都是很大的脓包，大概是因为喜欢那里的脓，上面趴着很多苍蝇。虽然女孩在脓疮处很用心地盖了个手帕，还打上了结，以便患部不会碰到他人。虽然觉得她很可怜，但还是担心她手臂上的苍蝇会朝我飞来。后来听说这种脓疮是巴格达、摩苏尔一带的地方病，一旦被传染则很不容易痊愈，我心想真是来到了一个不得了的地方。

火车在沙漠中的一个小站停了下来，有土耳其人到车旁来兜售食品，正像中国京绥线上的情景。十来岁的孩子每次拿着一个大甜瓜举到头上，来到窗户底下不停地叫卖。摸了摸怀里，还有没用完的土耳其币零钱，也不还价便拿出几个镍币去买。孩子一开始的表情还显得有些不安，把瓜递了过来，但一拿到钱，便高兴地啪嗒啪嗒跑开了。火车开动后，向窗外一望，看见了刚才那个卖瓜的孩子把镍币高高地抛向空中又接住，一蹦一跳地往家里跑去的背影，那些小钱可能会成为孩子的零花钱吧。

到达铁路的终点努赛宾是上午的十点左右。从这儿往前要换乘汽车,稍微经过一段叙利亚国土便进入了伊拉克。车站停着两辆汽车,稍微谦让等待之际,那辆二等车便上满了人,我和三个阿拉伯女孩被安排到了另一辆破旧的汽车上。三个女孩中的一个便是那个手臂上长满脓疮的女孩。这个女孩皮肤和北欧人一样白,气质也极为欢快。另一个女孩眉毛浓黑,眼鼻端正,看起来像日本女孩,不过脸上布满了雀斑,似乎为了掩饰这一缺陷,总是罩着一层薄薄的面纱,唯一的缺憾就是有点土气。最后一个女孩非常内向,说话时的表情非常害羞,显得非常温顺。

汽车卷起沙尘向前进发,女孩们快乐地聊了起来,又唱起了阿拉伯语的歌曲:"哈伊亚比那,哈伊亚比那(来呀,出发吧,和我们一起出发吧)。"

女孩们尽兴之后,又好像对我感起兴趣来,开始叽叽咕咕地评头论足,最后得出了我是日本人的结论。确实有眼光,值得称赞。

"你是日本人对吧? 和我们一起聊天吧。英语、法语什么的总归能说一点吧?"旁边的女孩对我说。我回答说:"那就用法语说吧。"对方便责怪说:"说得那么好,为什么刚才一直不吭声呢?"场面开始有点像《一千零一夜》中的三个女人和一个脚夫的故事了。

我问对方:"为什么知道我是日本人?"回答说:"贝鲁特有很多日本人,但中国人却很少见。"这些女孩是在贝鲁特念完书后,受雇在伊拉克的教会学校当老师的,现在过完暑假了,正在返回各自学校的途中。

对方说："你也唱点什么吧！"回答说："不好意思，我什么也不会唱。"拒绝后，对方又说："那你总不可能不知道'君之代'①吧？""你怎么知道'君之代'？""'君之代'这种歌不管哪一所学校都会教啊。"啊，伟哉，"君之代"！

这几个女孩真的知道"君之代"，三个人一起合唱了起来。只不过那旋律是不合体统的阿拉伯曲调。我充当指挥，好歹将曲调变回了日本式的。我们的汽车载着"君之代"，奔驰在一望无际的、海洋般的、闪闪发光的沙漠之中。

手臂上有脓疮的那位女孩抱着一张唱片，看起来对它非常珍爱，据说是贝鲁特灌制的阿拉伯语唱片。我不小心说了句："你们也有这种东西啊？"女孩即刻柳眉倒竖，斥道："阿拉伯文明世界第一，过去欧洲、东亚都没有像我们这样的文明国家。"不过最后也没忘记加上一句："可是现在，就连这种东西都全部是外国公司制作的。"这个女孩又给我看了她手臂上的脓疮，说在巴格达一带有这样的地方病，让我多加小心。此外，又告诉我还有一种叫砂蝇热(Sand Fly Fever)的病，得了以后会一个月左右卧床不起，首先要注意别被苍蝇叮咬。听她们说，那些飞来飞去的东西虽然叫作苍蝇，但其实像蚊子一样会叮人，不管多密的蚊帐，那些东西都能从网眼中钻进去。既然如此，实在是不知道该怎么个注意法。

好像是在叙利亚和伊拉克的边境上，有一间很小的房子，汽

---

① 君之代，日本国歌，选自《和汉朗咏集》中的一首歌颂天皇治世的歌。

车被拦了下来,停了很长一段时间,检查完护照和行李后放行,继续赶路。到达摩苏尔城内的旅馆时天已经全黑了。三个女孩让我有时间就到她们的教会学校去看看,和我紧紧握了手以后便消失在了黑暗之中。我投宿的地方,是车上遇见的那位小学校长介绍的巴伦旅馆,到了后一看,住在对面房间的正是校长一家。

伊拉克王国

摩苏尔与尼尼微

摩苏尔隔底格里斯河与亚述古都尼尼微相对。尼尼微衰落后,摩苏尔代之而起,因而这一带自古以来就是政治上的重要地点。这一带生产的纺织品名气很大,中世纪的欧洲人称其为"摩斯林布"。所谓"摩斯林",其实就是摩苏尔。现如今东西交通的主干道转移到了苏伊士运河,摩苏尔也就失去了昔日的繁华,成了一座只有六万多人口的小城镇。

沿着不规则的城区街道步行,看到有人家将这一带盛产的滑石用作柱子或台阶,乍一看很像是大理石,但终因石质脆软,缺少那种应有的格调。一些较旧的住宅,小门内有院子,院子中央有喷泉,几乎与意大利庞贝古城废墟上的住宅构造上完全一样。庞贝的住宅形式或许是罗马人从这一带模仿过去的。

城市靠着底格里斯河,这条河的景色非常雄伟。小型蒸汽船和木排往来交错,岸边水浅的地方有水牛和山羊下到水中,小孩子们将不情愿下水的山羊硬按到水中为它们冲洗。河岸上,有小女孩在拾掇马粪和牛粪,加水后用石块夯打。这样像做黏土工艺品一样,将牛马粪做成大饼一样,晒干后用作燃料。这里几乎不下雨,日照强烈,粪饼很快就能干透。用作建筑材料的砖也不需经火烧,用模子压出来的土坯经太阳一晒便很快硬结,空地上晒着用途不一的土坯,大大小小,形状各异。

底格里斯河中的牛群(原著第349页)　　摩苏尔北郊的阿拉伯门(原著第350页)

沿着底格里斯河渐渐北上,几乎走到了没有人家的地方,看到河岸上矗立着摇摇欲坠的三层门楼,形体非常巨大,这就是卡拉宫殿的遗存。卡拉宫殿应当也是用晒干的土坯砌成的,上面有模模糊糊的阿拉伯语铭文。附近有一大片开阔的原野，到处生长着一丛一丛的像艾蒿一样的灌木。

更北处有一座高岗，上面似乎有残破的宫殿遗址，因而前去一看。沿狭窄的道路而上，到达顶部，远望四周，景色非常不错。脚下的原野上有一处八角形的尖房顶，看起来是在河岸边，那就是叶海亚教王（Imam）的陵墓。

从高冈上下来，想去看看城市东部低矮地区的街景。偶然进入一条小巷，看到巷子的深处有一座高高的土山和裸露的地层，不知是古城墙遗址还是丢弃的沙土。走近仔细一看，发现地上散落着无数的陶器碎片，赶紧开始收集。大体上都是施了绿色玻璃釉的陶片，其中有一件西亚特有的、带有一个小嘴的灯盏几乎完好无缺地保存了下来，这让我特别高兴。这一带好像正在取土运往别处，沙土崩塌后形成了断崖。在沙土上跌跌撞撞地捡着陶片，正在附近做粪饼的小女孩过来帮起了我的忙。用沾着马粪的黑乎乎的手递给我陶片时，我实在吃不消，不过又不好意思拒绝。正好口袋里带了包袱布，于是包了满满一包，多得几乎都要掉了出来。作为奖励，往小女孩的手里塞了两三个铜钱，女孩露出吃惊的表情收了下来，看来这一带的孩子还没有学会耍滑头。

回到旅馆，将陶片上的尘土洗掉，露出了漂亮的绿釉。陶片胎土松软，没有完全烧透，不过依然是好东西。听说过去青木木米①

曾让乞儿们在京都四处捡拾陶片，现在我也仿佛成了木米。停留在摩苏尔期间，每次参观回来的路上，我必然会绕到这座废土沙场去做一会儿捡破烂的。

摩苏尔城内有许多大大小小的清真寺，其中吉布拉清真寺的斜塔（Leaning Minaret）很有名。据说，这座两百多英尺高的塔由于穆罕默德升天时向其躬身行礼，因而变成了斜塔，其倾斜度似乎比意大利的比萨斜塔还要大。我觉得说不定是因为南侧向阳部分的土坯干得太透了才斜向南方的，不过不能保证一定就是这样。

上次的大战中英军占领了这座城市，修筑了一条横穿城市东西的大马路，现在这条路成了城中最繁华的地方。马路名为尼尼微路，路的一头有一座漂亮的铁桥横跨底格里斯河，通往尼尼微。这座桥恐怕是伊拉克国最好的铁桥了，在铁桥的下游方向，旧石桥的残骸一半伸到了河中。过桥之后是一片平原，河岸上椰子树高大繁茂，景色颇是悠闲。

柏油道路在太阳的照耀下令人目眩，一直向前延伸，前方看到的小山岗就是尼尼微遗址。因不胜雇车之烦，便流着汗沿着长长的道路步行而往。山冈的北面是峭立的断崖，以山顶的清真寺为中心，分布着阿拉伯人的小聚落。从西侧沿坡道而上，来到了清真寺的前面。附近的住宅都关着门，只不过此地便是尼尼微遗址而已，其他并没有什么好看的。遥望北方，可以清楚地看到以前的城墙遗迹，起伏蜿蜒。虽然喉咙已经很干，但还是想再坚持

尼尼微遗址上的聚落
(原著第 351 页)

一下,下山去勘察北边的城墙。

　　下到平地后,有一户孤零零的人家,院子里同样堆着用马粪做成的燃料饼。粪饼大概有压扁的足球那么大,像井架一样堆了起来,颇为壮观。几千年前的亚述时代应该就已经这么做了吧。来到离得最近的城墙一看,现在已完全是座土山而已,不过偶尔在崩塌的泥土下露出了以前的城墙。可以看出,城墙是用很厚的在太阳下晒干的土坯砌成的,土坯的大小也有棋盘那么大。虽然建筑材料并不坚固,但因这一带降雨量极小,而且城墙墙体高大,因此,直至今日其遗址仍高到清晰可辨,只是在部分崩塌处形成了缓坡。城墙一眼望不到头,不管走到哪里都依然向前方延伸着。不时可以看到墙体上挖开的洞,或许是德国探险队或是什么人为了调查城墙墙基所留下的。城墙是一个城市的边界,在这种地方挖来挖去应该不会有什么太大的收获,更何况我是走在人家挖过的地方,更不可能发现什么掉在地上的金戒指。于是放弃继续勘查,就此返回。顶着令人目眩的直射阳光,徒步走在柏油马路上,最后终于过了底格里斯铁桥,松了一口气。

铁桥旁有一家比较精致的咖啡馆,占据了一块很好的地方。一杯浓浓的磨制咖啡(Cafe Turk),终于让我缓过气来。回旅馆的路上,穿过了市场,市场内部的道路歪歪扭扭,不一会儿就走到了相反的方向上,很难顺利从中穿过。我曾经依据中国史料的记载,试图在图上复原北宋都城开封城内的道路,但却怎么都做不到。开封的街道恐怕也不是直线与直线垂直相交的,或许是像羊肠一样弯弯曲曲。来到伊拉克,我才醒悟到自己的见识有多么不足。在市场上买了大个儿的甜瓜带回旅馆品尝,同样美味可口,与土耳其的瓜可以一比。

在摩苏尔停留了五天。出发的前一天,要来了账单,一看贵得离谱。以前无论投宿哪家旅馆,我都习惯一开始就谈好价钱,但在这家旅店与领班交涉时,对方以老板不在为由打马虎眼,逮到老板后英语又说得语无伦次,回答起来驴唇不对马嘴。而且因为在车上遇见的小学校长说此处很便宜,于是终于大意了。账单上写着这种乡下旅馆居然每天要收一英镑,而且让旅馆送来的瓶装水说是叫依维扬水,[①]共计五英镑。怒吼一声把老板给我叫来,

① 可能是在模仿依云(Evian)水的名称。

结果一直装作不懂英语的老板其实英语说得比我还流畅,放言说一点儿也不贵,意大利的领事,还有哪里哪里的公使每次都住在他的旅馆里,像这样的伊拉克一流旅店每天只收一英镑算是便宜的。我愈发恼火,责问他是否能负这份账单的责任,对方说承担全部责任。我便说道那好我去打听打听,将账单一把抓住站起来便走。这次老板吃了一惊,追着问我要到哪里去。我将其甩开,径直冲进了事先找到的警察局中。

一位会说英语的青年警长从里面出来接待了我。我将账单拿出来给他看,问他觉得这份账单合理吗?警长说确实太贵了,叫来一个部下,吩咐了些什么。这时,旅馆的老板搓着手缩头缩脚地走了进来。警长对其说了些什么,老板低着头,不停地絮絮叨叨,像是在辩解着什么。最后警长对着老板,故意用英语吩咐把价钱降到一半,又对着我说明天上午十点有去巴格达的汽车,你就坐那趟车去吧,又说十点之前会到旅馆去看看情况,说完便把我送了出来。

第二天早上,心里想着那警长到底会不会来,暗自期待。但怎么看都没有来的迹象。因为并不急着出发,而且也是为了跟旅馆老板拼耐性,一边盘算着是不是就此在旅馆里摆开架势,斗争到老板低头为止,一边眺望着下面的街道,发现之前的小学校长正走在街道对面。从二楼把他叫住。他一边说着原来你还待在这里啊一边走了进来。跟他说了如此这般的情况后,强调账单上的价钱跟从他那儿听到的完全是两码事,并希望他替我去和老板交涉。校长叫来老板开始交涉,然后对我说半价办不到,打个六折将就一下吧。总之我的面子保住了,又是当着校长的面,这场谈判终于了结了。

前往巴格达的汽车就在旅馆旁边发车,还有些时间,想故意急急老板,我没有当场付钱,而是去了城里的咖啡馆。啜着咖啡,想着昨天的那位警长。也许昨晚旅馆老板已经拿着贿赂去收买了警长?我是不是也应该事先赠送些礼品?或者还是因为有什么事情今天早上来不了了?还有,小学校长碰巧路过,是不是受了老板之托来说和的?等等。无论怎么想,均因别无线索,无从弄清。不过房费的问题总之是解决了,而且汽车票也已经买好,接下来只要付了钱上车就行了。

快到十点时回到旅馆,见到一个眼睛溃烂的小伙计搬了张椅子坐在我的房间门口,居然是在帮我看着行李。

可爱的"犯人"

烂眼的小伙计给我搬来了行李,登上了马上就要从旅馆旁边出发前往巴格达的汽车。在快要满座的汽车上好不容易找到了座位。座位位于后侧窗户旁,应该是晃得最厉害的地方,背对着汽车的行驶方向。沉下气来一看,发现这是辆由货车改装的汽车,三十人左右的旅客将车塞得满满当当。座位当然没有靠背,只是一块木板,窄到屁股只有一半能坐在上面,膝盖伸在前面,要碰到对面乘客的膝盖。坐在我正对面的男子，不知是不是得了沙眼，红红的、大大的眼珠转个不停，眼中堆满了眼屎，几乎要流了出来。不知是不是因为沙漠中的阳光反射太强了，这一带得眼病的人非常多。

这个面相可憎的眼病男子，手脏兮兮的，拿着小刀切着黄瓜往嘴里送。还切了一块递给我，遭到拒绝后对方的表情似乎很愤怒，没办法只能接过来吃给他看。一点也不好吃。不是，因为是这种人给的东西，哪怕再好吃也尝不出味道来。我也拿出从市场买来的甜瓜，切下一半来递给他，结果这男子显得诚惶诚恐，推辞了好几次后才接了过去，吃得津津有味。我明白了这男子虽然相貌可憎，不过和我想象的不同，其实是个老实人。他不停地向我说着什么，不过从头到尾都听不懂，很是遗憾。

汽车出发后，在市内行驶时还算好，一到郊外，车身便立刻剧烈摇晃起来。坐的是狭窄的木板，本来身体的重心就已经很不稳定，加上汽车在无法称得上是道路的道路上蛮开硬冲，晃得厉害是当然的。窗外是沙漠地带，位于底格里斯河沿岸的低洼的山谷中，路上满是沙尘，就好像行驶在火盆的炭灰里一样。而且隐藏在炭灰下的坚硬的石块像暗礁一样，上下起伏。这辆由货车改装的客车开得左晃右动，上下颠簸，向前猛冲。有时被弹得离座位一尺多高，又扑通一下跌落下来，背上的骨头好像被狠狠地砸在座位的横梁上，几乎要了人命。有时想舒展一下双腿，但前后左右都有东西挡着，无从伸展。之前就觉得车票太便宜，结果果然上了这种难以想象的车。不过既然车已经上路,就好像坐船出了海,不可能在半路下去。不管愿不愿意,在到达巴格达之前,只能跟着这辆货车了。

身体疼痛的好像并不只有我。放眼一看,车的中部坐着一个体格庞大的老汉,体形像相扑力士。因为身体特别大,力量也应该很强吧。那老汉正在叫嚷着什么,又向同行的人喊着口令,在他的映衬下其他人显得越来越渺小。这男子因为体形庞大,看上去感受到的摇晃也似乎比旁人多一倍。每次车停下来时,都到处跟别人换座位,像是在寻找坐起来舒服一点的地方。有一次推开了坐在我斜前方一个十二三岁的小女孩,占了她的位子试了试,但看起来车的后部比前面晃得更厉害,等车停下来后,又赶忙坐回到了原来的地方。看起来在沙漠里果然还是凭力气说话啊。

车的前方坐着一位阿拉伯青年,用法语和我搭话。应当是在舍尔加特,天黑了下来,迎来了第一次大休整。这里看起来有水井,还有一户人家,正前方摆着凳子和桌子。阿拉伯青年替我点了晚饭,像是用油炒过的茄子,加上纸一样薄的胡饼(脆饼)。通过阿拉伯青年的翻译付了钱,迄今为止我还从没见过这么便宜的东西,当然我付的是两个人的钱。

钻进漆黑的汽车里,再次在夜色笼罩的沙漠上行驶了半夜,第二天上半夜两点左右到达了拜伊吉,开始第二次大休整。下车时已是深夜,没什么事情可做。因觉得麻烦,便将防暑帽放在凳子上下车走走,这时坐在正对面的那个面目可怖的男子跟着走了出来,拿着那顶防暑帽递给了我。当时心想真是古怪,但休息了三个小时左右回到车上,发现铺在凳子上的手帕已经不见了。

世间上没有比沙漠中的休整更安静的事了。这里也有一户人家,但看来都已经睡下,没有一丝灯光。乘客和司机都从车里爬了出来,或是在人家周围的空凳上,或是躺在沙子上和衣而睡,进入了短暂的梦乡。天地之间万籁俱寂,连星星的闪烁都让人怀疑是不是会发出什么声响来。那相扑力士一样庞大的男子、面目可憎的男子、会说法语的青年和稚嫩的小女孩,都应该在各自的地方睡着吧。大家都像死人一样躺着,分不出谁是谁。我也试着将浑身酸痛的身体投向大地,但却因周遭实在太过寂静,三个小时之间,闭了眼也睡不着,睁开眼头脑就更清醒,到头来一点也没睡。

再次上车,发动机转起来以后,便又开始承受起了被拷打一般的痛苦。等我想要掸掉西装上的灰尘,这时发现手帕不见了,而车已驶出很远。虽然只是一块手帕,但因行李都放在车顶上,身上别无一物,觉得不便至极。相貌可怖的男子向大家说明情况,让大家站起来帮助找找,但哪儿都没有,我认定已经丢了,便放弃了寻找。但再次停车时,那个小女孩在出口喊了声:"大叔!"叫住了我,然后把叠得整整齐齐的手帕递到了我的面前。哎呀,真是个可爱的"犯人"。

已经日上三竿,沙漠蒸腾上来的热气阵阵袭来,汽车终于来到了巴格达附近。渐渐有了人家,随后车从热闹的露天市场旁通过,眺望着漂亮的清真寺屋顶,汽车开过了底格里斯河上的浮桥,进入了巴格达市区。

在车库取了行李,来到马路上叫住一辆马车,跟车夫说去芒德饭店,对方却不知道。正在马路对面提着大大的麻袋、不停地和车夫谈着价钱的那个阿拉伯青年跑了过来,和车夫交涉了一番后叫我上车。上车后,青年问我去哪家旅馆,连说几遍去芒德旅馆,青年又一次和车夫进行交涉,然后对我说这里没有这个名字的旅馆。我对不负责任的车夫感到恼火,但比起恼火来,更因为不知该往哪里去而感到窘迫。把全身上下的口袋摸索了一遍,结果掏出了在阿勒颇时那个美国人给我写的介绍信,才发现那旅馆原来叫摩德饭店。青年中途下了车,背着麻袋走了,不过摩德饭店的名字车夫一听就明白了。这家饭店是以一战时率领印度军占领巴格达的英国将领摩德的名字命名的,是一家英国式的一流大饭店。

巴 格 达

住进了摩德饭店的客房,泡了个澡,吹着风扇,这才觉得恢复了神智。全身上下都像受了跌打损伤,吱吱嘎嘎地作痛。在这之前,我从没想到过美索不达米亚的沙漠里会有货运车这样的老虎凳。首先要休息,无论如何都要休息。旅行时根本就不知道今天是星期几,累了便是星期天。

底格里斯河彼岸的巴格达
（原著第 358 页）

　　傍晚，从长长的午睡中醒了过来，前往食堂。一开始还觉得被带往了奇怪的地方，后来发现吃晚饭的食堂原来是靠着底格里斯河的凉台，这又是一妙。夕阳西下，夜幕降临，天上的星光和地上的灯火一齐倒映在了底格里斯河的涟漪中，此时终于凉风四起，这时的凉台便是热带的天国。体验了这滋味之后，才能对《一千零一夜》的故事发表议论。

　　侍者过来对我说，有一位在我之前就投宿在这里的日本人，并帮我找到了他的桌子。寒暄后得知这位客人是江商股份公司的西尾先生。最近日本和伊拉克签订了通商协议，把日本杂货销售到伊拉克的同时，必须要从伊拉克进口些什么。因为不知道有什么可以进口，所以到当地考察来了，发现原来有棉花可以进口。

71

"有棉花就好说了,我们本来就是做棉花生意的。"西尾先生说着笑了起来。此外他还提醒我这一带卫生状况不好,特别是沙蝇热(Sand Fly Fever)很可怕,而且沙蝇能从蚊帐的网孔中钻进去,不可大意,还是撒上药更安全,等等。回到自己的房间,仔细看了看床铺上的蚊帐,这才发现原来西洋生产的蚊帐上,纱眼像缩小了的鸡笼的铁丝网一样,是相连的六角形。因为接近圆形,细小的虫子就能钻过去。与之相比,日本的蚊帐纱眼都是正方形的,面积与周长的比例更小,看起来虽然原始,但织法却合理得多。尽管如此,因为疲劳已极,便把沙蝇的事情抛到了脑后,酣睡了过去。身体还是到处疼痛,有时会梦到从汽车上甩了出去。

第二天开始游览巴格达。这座城市只有两条大道,一条是饭店门前与底格里斯河平行的大马路,另一条是与此交叉、横跨底格里斯河的摩德桥所在的道路。在街上走了走,发现建筑大都是些花里胡哨的涂着油漆的简易房,几乎没有使用石料的建筑,看起来都是用粗糙的砖块砌成的。有趣的是道路两旁商店的屋檐都彼此相连,起着人行道的作用。想要避开强烈的阳光,莫过于在其下行走。在我的出生地北信饭山①及越后的高田②等地,为了避开积雪,商店的屋檐下面也可以通行。极寒的地方和极热的地方出现了同样的现象,颇为奇妙。

巴格达市内矗立着高高的尖塔(Minaret),从这儿进入岔路便

---

① 今日本长野县(旧称信州)饭山市。
② 今属日本新潟县上越市,旧为高田市。

是市场(Souq)。果不其然,市场内并排着好几家棉花店,店前摆放着棉花的样品。市场的后街上立着一座陈旧但似乎值得一看的塔,走近一看,见塔矗立在一个广场上,周围瓦砾遍地,极其肮脏,塔壁的一部分已几近崩塌,也不知道这座塔是哪座清真寺的东西。古老的巴格达已经消亡,而新的巴格达尚未兴起,这一空白时期的巴格达就是今天的巴格达。在与市场相对、靠近河岸的购物街上散了一会儿步。一路上只看到两三家有卖教科书的商店,因为不识文字,但据图画判断,都是些非常幼稚的东西。在叙利亚的阿勒颇等地,毕竟还是有些像样的东西的,而在巴格达似乎还没见到。即使是大街上的一两家外国书店,里面摆的也不过是一些异常低俗的小说和时事读物一类的东西。

既然新的巴格达还没有出现,其实就是出现了也应该没有什么兴趣,那就必须要到什么地方去寻找古老的巴格达。看了一下旅游手册,称在城市的北边还保留着古城郭的遗迹,还残存着哈伦·拉希德门等遗址。于是决定先弄清城市北边的轮廓和方位。

旅馆的前面就有往北去的街道,走进去不久便发现这条街道的方向非常不规则,尽管想一直往前走,但不一会儿就不辨东西了。绕着弯子行走时,有一两个脏兮兮的小孩聚集到了我后面。这时出来一个青年,走在我的前面,用手势和眼神示意我跟着他走。跟在他后面走了一会儿,结果又回到了刚才的大马路上,心里真感到沮丧。一边注意记住回去的路线,一边再次走进小路,结果每拐一个弯,道路就变得更加狭窄,心中很是没底。不知什

么时候，跟在我身后的脏兮兮的小孩已经增加到了十几个，一个
接一个地跟在我的后边，其中还有两三个已经不是小孩，而近乎
大孩子了。他们一边喊着嗨哟嗨哟，一边将一个比较小的孩子从
后面撞开，结果被撞开的那个小家伙又以几倍的加速度猛地撞向
了我的腰间。心想哪里来的小鬼，但又不能发作，要是欺负对方
是孩子真的闹起来，人家父母一定会出来，心中直呼不好，于是打
算打道回府。那群孩子大概是觉得敌人终于败下阵来了，发出欢
呼声紧跟在我后面，连声喊着"小费、小费"。将怀中仅剩的铜钱
扔了一两个过去，他们便像饿鬼一样扑向猎物，大吵大闹，样子又
有些可笑。可是让我吃惊的是，饿鬼们一旦看到了钱，就像是见
了血的猛兽，发了疯一样兴奋起来，狂叫着"小费、小费"，硬是逼
到了我的身旁。其中一个看上去还稍微像点样子的孩子抱住我
的胳膊，小声地说着"小费"。从他时时转头指挥他人的现象来
看，这家伙像是个孩子王，说不定还是掮客。我便打算用这家伙
作饵，似给不给地引着他向前走，快要到大马路时，将余下的两三
枚铜钱塞到他的手上，想让他回去，却不知这根本无法满足他。
对方愈发面色铁青，大叫"小费"。摊开双手表示已经没钱了，但
一群人愈发起哄，大声呼喊。不知何时，那饿鬼头子绕到了我的
背后，用细木棍捅掉了我的防暑帽，白色的帽子就这么滚落在地，
掉进了泥泞，沾满了泥水，变得污黑，真让人心疼。举起拳头来吓
唬他们，饿鬼们便四散奔逃，转身欲走，又像潮水一样去而复来。

幸亏大马路已在眼前，隔着两三间房子便有派出所。走到派出所

前面往后一看，犬子们已不见一只，云霞般的大军一朝雾散，人就像是被狐狸迷了心窍一样，何止是不可思议。

后来才听说，这一带是巴格达市内最底层的犹太人居住区，能完好无损地脱身而出，已经是不幸中的大幸了。当时我没有领会到那个默默地将我从里面领出来的青年的好意，想来有点遗憾，但另一方面，我也因此得以看到了巴格达最糟的一面。因为这，竟花费了我将近半天的时间（第二次世界大战爆发后，伊拉克也爆发了反英斗争，因怀疑犹太人与英国人同谋，巴格达也发生了对犹太人居住区的迫害事件，据说被杀害的人还不少。遭受迫害的犹太人居住区，很可能就是我走进过的那一带）。

第二天，又从别的道路前去探访北郊，但没有发现类似城墙的遗址。附近有很多类似灯塔的圆形建筑，便想走近看看。循着小路向前走，奇怪的是不知不觉小路就改变了方向，怎么走都走不到跟前。离开小路，在原野上直行，这次又不知什么时候进入了沼泽地，鞋子陷了进去，动弹不得。好不容易走到了其中的一座，这些外观像是圆形灯塔的建筑，似乎是设置在城墙各处的瞭望台，现在只有最上部露在外面，下部已经和城墙一起被洪水带来的淤泥埋没。刚才让人举步维艰的沼泽地，应当就是洪水的遗迹。

看了两三个瞭望台，发现其构造都一样，没有丝毫的变化。这里离市区很远，地处荒郊野外，想着差不多该回去了，朝南走去，但不管走到哪儿都是一片一片的沼泽地。顺着自己来时的

脚印往回走，好不容易来到了一道稍稍高起的堤坝。沿着堤坝
有一道水沟，不时有人家，养着些鸡羊等禽畜。顺着堤坝走去，
来到了车站，这才搞清楚了归途的方向。我带的是夹在导游手
册里的地图，非常简单，而且还经常出错。总的来说，在英国的
势力范围内，基本上没有什么文化建设和相关的设施，地图和导
游手册也都只是些非常简单的东西。在摩苏尔，怎么找都没有
找到市区地图，巴格达只有我现在手上拿着的这一种。而在法
国势力范围内的叙利亚，不管是叙利亚全国地图也好，大城市的
市区地图也好，都还能找到些不错的东西。不知这到底是因为
英法两国的风气不同呢，还是因为两国殖民政策的差异所致。

　　回到旅馆之前，不停地在狭窄而杂乱无章的街道上拐来拐
去。走进小巷，发现两侧的房子，第一层缩在里面，第二层像是要
盖到路上一样，向前突出，第三层伸得还要前，很是奇妙。自土耳
其以来，到处都能看到这种我称之为"大头民居"的建筑形式。行
走在巴格达的街巷里，想到《一千零一夜》中出现的小路也许就是
这种地方，感触尤深。

　　靠近城市的西北角有兵营，据说旁边就有阿拔斯王朝时期的
宫殿，试着前往。底格里斯河边稍稍高起的河岸上立着的那座弯
月形建筑便是。从栅栏围墙往里看，院子里摆着旧式铜炮。到时
间后看门人打开了围墙的门。这座建筑在土耳其时期被用作兵
营仓库，多余的出入口都被堵上，其后便任其荒废。直到昭和九
年（1934）才开始进行修复，并对埋没在地下的遗址进行了发掘，

终于成为现在这个样子,据说伊拉克前国王费萨尔的加冕典礼就是在这里举行的。墙壁和天花板上残留着漂亮的阿拉伯纹饰,不禁让人追思这座宫殿昔日的荣华。这处宫殿通常被称为马蒙①宫殿,不过实际似乎是更加往后的阿拔斯王朝末期的建筑。前廊中并排放着巨大的镜框,心想到底是什么,便前去一看,原来都是西班牙阿尔罕布拉宫的照片。尽头的房间里陈列着前国王的遗物,但因采光不好,里面非常暗。虽然号称豪华,但总而言之都只是些泥巴活儿。想来那著名的阿拔斯王朝君主哈伦·拉希德②的豪奢,恐怕也不过如此而已。

　　结束了此后巴比伦和泰西封的远行后,在滞留巴格达的最后一天,我决定豁出去了,雇了一辆汽车,将名胜周游一遍。这样的决心也许在到达巴格达之初就应该下了,不过放在大体摸清了巴格达的基本情况后再做,也不失为一个不错的选择。之前我左找右找也没找到的哈伦·拉希德门,也不知汽车是怎么绕过去的,也没经过什么泥泞沼泽,立刻就把我带到了。所谓的门,只是平地中央竖立着的土坯疙瘩,并没有什么特别的地方。越过底格里斯河,来到摩德将军的铜像前。摩德将军在一战时指挥英国兵和印度兵占领了巴格达,当时印度兵好像干了不少坏事。直到今天,伊拉克人还非常憎恨印度人,印度人进入伊拉克必须要冒生命危险,这或许正是老奸巨猾的英国殖民政策的

①　即 Al-Ma'mūn,阿拔斯王朝第七任哈里发,813—833 年在位。
②　即 Hārūn al-Rashīd,阿拔斯王朝第五任哈里发,786—809 年在位。

巴格达北郊的黄金清真寺
（原著第363页）

一个侧面。

　　由此向北，有著名的黄金塔清真寺。该寺本名卡地玛因清真寺，是什叶派的总寺，因清真寺中央的两座穹窿顶上覆盖着黄金板而著称。据说绝对不允许异教徒入内，因此只能从四周的门口向里窥视。我想要在那儿拍一张照片，绕着周围走了一圈，发现从门口是看不到黄金屋顶的。司机介绍我来到附近菜场三楼的露台，上去后只看到了金光灿灿的圆穹的上部。只是因为登上了这座露台，就被收取了一菲尔斯的门票钱。司机提出还可以登上另一处观看，拒绝了后我又前往国王家庙，这座清真寺里有前国王的坟墓，虽然是新建的，但是非常漂亮。

78　　傍晚时分回到旅馆，来到凉台后，西尾先生说要为我送行，打开了从故乡带来的罐装羊羹,①劝我喝啤酒。西尾先生说昨天晚上有国会议员从日本坐飞机前来,让旅馆的伙计陪同去看了阿拉伯女孩的扭屁股舞,今天早上又出发了,说着说着笑了起来。我在巴格达停留的一周中,差不多所有的地方都去参观过了,只是扭屁股舞始终没有看过。就算让阿拉伯女孩扭了屁股,又有什么意思呢?巴格达有一位叫金子先生的日本人,是三菱商会的业务员,独自一人在这座城市拼搏,据说每年可以做成几百万日元的生意。之前也住在这座摩德饭店,当时好像向侍者们大把地撒钱,客房的伙计们至今还开口闭口金子大人什么的。像他那样把沙漠城市当作第二故乡,不畏气候的恶劣,不惧爱妻的离去,毫不气馁地在这里拼搏的日本商人,其气概实在值得敬佩。

第二天是十月七号,一早我在旅馆附近的停车场再次坐上了破旧的客车,出发前往大马士革。这条路线上也有舒适豪华的卧铺汽车,但为了节省经费,还是坐了一镑半的便宜车。不过就算如此,与从摩苏尔来时的货车相比还是上等得多了。

巴比伦与泰西封

在巴格达逗留时,我去参观了巴比伦和泰西封遗址。巴比伦废墟位于巴格达西南方,去过的人都众口一词地说很无聊。汽车

---

① 用红豆沙加糖和琼脂制成的日本糕点。

来回需要五英镑，并不便宜，但好不容易来到这里，便咬咬牙前去参观这座无聊的废墟。旅馆帮我找来的汽车虽然很破旧，但因为有过之前坐货车的经验，几乎感觉不到震动和摇晃，甚至觉得自己一下子成了肥马轻裘的贵公子。

　　沿着底格里斯河行驶了大约两小时，觉得平坦的沙漠前方好像能看到一些稍稍高起的小山，原来这就是巴比伦遗址。沿途都是被翻动过的土沙，顺着土沙上的小道前行，来到了一处高高的断崖顶上。横亘眼前的幽深谷底，便是巴比伦宫殿前的大道。我现在所站的地方，是这条大道一侧鳞次栉比的高楼大厦的不知第几层。同一侧的前方，隔着另一道狭窄的山谷，有著名的伊什塔

巴比伦遗址
（原著第365页）

尔城门,城门墙壁上装饰着长颈鹿浮雕,尽管色彩已经全部剥落,却依然清晰可见。旁边的高台上,矗立着图片上经常看得到的征服者狮子王的巨大雕像。只有这座雕像是用坚硬的石块制作的,非常罕见。走近狮子像,附近到处散乱着貌似很有来历的砖块和陶片。陶片质地粗糙,素烧后上了釉,表面上喷了盐。

又来到据说是著名的空中花园遗址。如果这里真是空中花园的话,那么看起来并没有什么大不了的。只是曾经听说过所谓的空中花园,便是中国古书《山海经》中所说的"悬圃",感慨古代中国人竟能掌握万里之外的知识,因此别有一番兴致。因为自己并非此道的专家,除此之外再没有什么基础知识,便和门外汉一样,觉得确实是一个无聊的地方,回到停车的地方。也许是看到我来参观,两三个阿拉伯人凑了过来,各自拿出奇怪的陶器来让我买。司机很识趣地拦下他们,让我上了车。

回去时走了另外一条道,来到了幼发拉底河上的欣迪耶大坝。这座大坝是在英国的全力支持下完成的,据说是利用这座大坝向希拉河注水,灌溉美索不达米亚的平原。幼发拉底河浊浪翻滚,与底格里斯河清澈的河水形成了鲜明的对比。在沙漠里,水是头等大事,只要能够确保灌溉,就算是长期贫瘠的土地也可以立刻化作沃土;相反,如果水路断绝,沃土也会顷刻变为沙漠。如此看来,灌溉事业的确是建立政权的首要条件,可以说,美索不达米亚地区强国代兴旋灭的历史,同时也是河道水渠兴废的历史。

巴格达近郊游
牧民的迁徙
(原著第 366 页)

　　从大坝往前,一直到巴格达市区都有柏油马路。行走在这条路上,我时时会产生前方似乎有湖水的错觉,这也许是蒸腾起来的水汽。问司机前面的湖水是怎么回事?司机非常惊讶,说前面什么也没有。确实,走近一看,刚才的湖水已消失得无影无踪,过了一会儿又看到前方出现了湖水一样的东西。途中遇到游牧民用骆驼驮着家具什物,率领妻儿部落向别处迁徙的情景。

　　中午时分回到旅馆。后又因司机的推荐豁出去二英镑,去参观泰西封的波斯宫殿遗址。上车后选择了司机旁边的座位,汽车开动后,司机用阿拉伯语说了些什么,却又不像是对着我说的,正觉得奇怪时,后面有人用阿拉伯语回起了话。转头一看,后面的座位上坐着一位阿拉伯游牧民。观察了一会儿,发现此人原来是向导。泰西封位于一望无际的沙漠中央,完全没有路标,汽车行走在沙漠上,就像是出了洋的船一样。不过虽然如此,也并不是完全没有道路,看起来车道大体上还是固定的,走过的地方有好几条车轮的痕迹。有时也有迎面而来的汽车,不过正像船只在海上来往交汇一样,两者之间的距离相当远,大约有二三百米左右。城市里的司机没有多少在这种道路上行驶的经验,因而雇了熟悉道路的阿拉伯游牧民做向导。

　　阿拉伯向导发出了一个信号后,汽车拐了个弯向南驶去。似乎是从大路进入了岔道。据说难就难在这个弯的拐法。虽是沙

前往泰西封的途中　沙漠落日(原著第 367 页)

漠,但并非哪里都能通行,毕竟还是有些地方是难以行驶的,因而要找到一处好走的地方过去。过去之后又是平坦的大地,汽车几乎在毫无轨道的沙地上向前飞奔。太阳西斜,沙漠上空的晚霞把天空装扮得异常美丽。在没有山清水秀的地方,取而代之的是这般雄绝的景色。看来不管在世界的什么地方,自然界都没有抛弃人类,让人好生心安。

看到前方似乎有一团什么东西,走近一看,是一座需要抬头仰望的巨大拱门。位于拱门一侧的巨大宫殿,或许是因为不断的崩塌,比老照片上看到的要小了很多。一战中,英军和土耳其军在这一带交战,说是不能破坏如此珍贵的古迹,两军协议,互相承诺不把这座高地用作侦察站或指挥所。司机频频地向我说明,波斯王是怎样进入这座门的,又是在哪儿举办宴会的,等等,说得好像是亲眼见过一样。不知何时,两三个当地阿拉伯人凑了过来,又是要给我带路,又是要我买他们收集的出土文物,一再催促。走到远离他们的地方后,拿出照相机按下了快门。随后,一个阿拉伯人不知是从哪里爬了上去,站在拱门的正上方,把手脚伸开摆成个"大"字,朝着我大叫。大概是在喊让我把他拍下来吧。阿拉伯人的杂耍拍了也没什么意义,珍贵的胶卷只用了一张便罢。

据司机说,这附近现在也还经常出土精美的遗物。据说德国军官什么的还曾捡到过金环。只是现在我脚下的土地像是被踩实了一样坚硬,如果不是用了魔法,断不可能有什么金戒指蹦跳出来。现在好像有德国的探险队正在附近进行发掘,但就算是去看了也没什么意思，便再次上车，向巴格达飞驰而去。

一路上，司机对英国人的暴政大为愤慨。伊拉克作为石油产地，却不能充分享用汽油。石油资源都控制在英国人的手里，石油都被运到英国去了。据说用船运到英国后价值才三十五分的油，伊拉克人在本国却要花六十五分才能买到。司机说，德国人也好，日本人也好，希望他们早点来，把英国人赶出去，还时不时地挥舞起了拳头。

再访叙利亚、黎巴嫩共和国

大马士革

出巴格达，前往大马士革途中是所谓的叙利亚沙漠。虽说都是沙漠，但各有特色。从阿勒颇到摩苏尔，似乎是火山脚下一样，坐在车窗紧闭的火车上都能蒙上一身微细的尘灰。从摩苏尔到巴格达是谷底，汽车好像行驶在火盆中。现在，从巴格达前往大马士革，则好像是走在干硬的黏土块上，一眼望去似乎很平坦，但车子开起来便晃得非常厉害。从巴格达出发后的几英里之内，道路上铺着沥青，还算好，再往前走，道路就徒有其形了。汽车故意躲到低地上行驶。再往前走了一会，就连路基都没有了，汽车奔驰在一如往昔的远古大自然中的商道上。

　　傍晚时分到达鲁特拜,这是个有水井的地方,并有两三家人家,都是泥筑的房屋。下了汽车,跟在别人的后面,在一家商店买了很硬的棒状面包。吃着面包休息时,看到不断有汽车赶到这里然后停车,其中还有耐林公司的豪华客车,车身用油漆涂得雪白。这种车单程票价格七英镑。想到自己乘坐的破车还不知要怎样地晃来晃去,一遍一遍地重复沙漠的折磨,不由得后悔当初没有选择豪华车。不过事已至此,也没有别的办法。后到的耐林车只是稍停了一会儿,便又早早地出发了。走到聚落的尽头,往前一看,只见前方有一片黑色帐篷组成的部落。这一带是游牧民的天地,游牧民也分好多种,眼前住黑色帐篷的似乎是生活水平最低的一种。所谓帐篷,也不过是徒有虚名,实际上只有好歹能爬进去那么高,远远望去,就像是弘法大师①忌日的庙会上撑着破布摆摊的一样。

　　本以为会在鲁特拜过夜,结果并非如此,吃完了硬面包晚饭后不久,便又登车启程了。天已经完全黑了下来,车子晃得更加厉害,怎么睡都睡不着,看着表计算着里程,一心盼望能够尽早到达大马士革。

　　凌晨三点左右,汽车停了下来,外面似乎有吵闹的声音,然后便从汽车上被拉了下来,拖到了漆黑的外面。心想是不是到大马士革了,但一看并非如此,好像是叙利亚边境上的阿布沙拉。提着灯走过来的官员查看了护照,又检查了行李。旁边还站着士

　① 　弘法大师即空海(774—835),日本平安初期僧人,曾随遣唐使至唐朝留学。

兵,拿着带刺刀的步枪。官员看起来也很困,检查也是草草了事。接受检查后回到车上,又行走了约两小时,夜空开始泛白时,进入了一座相当大的城市,车子停在了某个广场上。乘客们各自分散走去,我却不辨东西。因为是一大早,街上一个人影也看不见。这时,从广场对面驶过来一辆马车,冲破雾霭出现在我的面前。问到倭马亚旅馆要多少钱,对方似乎是听懂了,回答说二十分。坐上马车,刚走了二三十步,车子便停了下来,车夫说到了。顺着车夫指的方向一看,确实挂着一块招牌,上面用大大的字写着"倭马亚旅馆"。我心想怪不得这么便宜,但其实这点路就算二十分也是太贵了。

旅馆比较漂亮。在法国的势力范围内,似乎一切都说得过去,对于旅行来说既经济又方便,而且通用法语,非常方便。

大马士革位于形胜之地。《一千零一夜》等书也特赞其林泉之美,这块绿洲确实是沙漠上的一块宝石。郁郁葱葱的树木,丰沛的水量,这在西亚地区都是绝无仅有的。而且地势稍高,走在城市中也有起伏变化,很有意思。大马士革曾经繁荣一时。古时的以色列人也知道此处为商业繁盛之地,其高度的物质文明不知道让多少以色列人对之憧憬。在萨拉森帝国时代,这里曾是倭马亚王朝的首都。作为纺织品和刀剑的产地,在中世纪的欧洲也是赫赫有名。以前学习历史时,经常混淆大马士革和巴格达,现在来到当地,并在沙漠上跑了一天一夜,今后就算再怎么忘了也绝不可能将两者混为一谈了。

休息之后在市区转了一圈。市场(Souq)上虽然罩着顶棚,但却很明亮,让人心情愉快。朝着一座高塔走去,进门后便是倭马亚大清真寺。宽阔的院子里铺着一层大理石,很是堂皇。大堂中也很明亮,我朝着宝石装饰的壁龛(Mihrab)礼拜后离去。

巴拉达河流经城市中央,跨过河上的桥梁,巧妙地穿过菜场,可以看到河对岸塞里姆清真寺排成一列的大小穹隆,甚是美观。在法式小公园中休息了片刻,回到对岸后,在法式街道上散着步回到了旅馆。

第二天,又到倭马亚大清真寺附近转了一圈。穿过一个叫做希腊市场的长街,在通往大清真寺的入口处,矗立着几根俗称"凯旋门"的石柱。这几根石柱实际上应该是东罗马时代建造的神殿的廊柱,也就是说,倭马亚大清真寺一带,原来有一座规模更大的朱庇特神殿。这一带还应该有一条叫做书籍市场的街道,但找来找去都没能找到书店。对照地图和导游手册,确定书肆一定在这条街上,不久果然看到了一两家教科书店。国破山河在,但所剩的也只有山河了,象征古代文化的书肆都消亡殆尽了吧。从狭窄的巷子向北寻去,有十字军勇将萨拉丁的墓。一小片空地上,杂草丛生,再往前走,入口处门户紧闭,只能看到像是坟墓的圆穹的一角。

循着狭窄的巷子继续往前走,有国民图书馆。进去后请人介绍一下这里的情况,出来接待我的是一位阿拉伯事务员。他带我看了书库的一部分,见到的书籍都是阿拉伯语的写本,似乎也有很稀见的本子,但我却一窍不通。询问有没有藏书目录?回答说原稿已经完成,但还没来得及公开出版。时隔许久重新闻到古书的味道,一边往外走,一边为阿拉伯文化还在那里悄声蛰伏着而感到欣慰。

进入倭马亚大清真寺,脚下踩着的是漂亮的大理石地面。想要去寺后的金属工艺市场,却怎么都走不出去。再次来到寺外,绕着寺院走到南侧,这里就是蜚声中世纪欧洲的大马士革金属器具加工销售市场。虽然很想称之为百货店,但却处在昏暗的旧式建筑中,市场内杂陈着宝石、手镯、耳饰等商品,还有很多其他的日用品,与明治时代的劝工场①如出一辙。

阿萨德·帕夏②的故居应该就在南边,继续循着狭窄的巷子找去,却总也找不到。地图上画得笔直的道路,其实歪曲得相当厉害,宽阔的道路会突然变得狭窄,宽巷子走到头感觉此路不通时,又有一条狭窄巷子笔直地朝某个方向延伸而去,很快就会不辨东西。顺着夹在灰色土墙之间的逼仄的坡道上上下下好几次,终于找到了阿萨德·帕夏故居。

阿萨德·帕夏故居是叙利亚贵族宅邸的代表作。这组建筑群分内庭(Haremlique)和外庭(Selamlique)两大部分。外庭是主人展开社会活动的场所,用以接待来客,有时还可提供住宿;内庭则是主人与其大家庭的私人生活空间。很遗憾的是外庭在前几年的火灾中被焚毁,但幸运的是内庭几乎毫发无损,完整地保留了下来,而且内庭还占到了整个建筑群面积的近五分之四,建筑

---

① 日本明治时期政府设立的商品零售批发市场。
② 奥斯曼帝国时期的大马士革总督,1742—1757 年在任。

大马士革　阿萨德·帕夏故居
（原著第 372 页）

也更为精美。

通过一道小门，拐了个弯，进入内庭的后花园。前面是喷泉，后面有方形的水池，建筑物环绕在花园周围。前廊上也设有小喷泉，上覆藤萝架，栽种各式爬藤类植物以获取阴凉。看来为了避暑，真是无所不用其极啊。

从东侧开始按照顺序参观。房间内展出的古董似乎并不完全都是故主的物品，法兰西大马士学院出版的书籍也在这里销售。室内的装饰虽然华美，但很难说得上有什么高雅，这或许与这组建筑建于公元 1749 年，正值阿拉伯文化衰落这一历史背景有关，总体感觉很不可思议地与中国缙绅的大宅院有些相似。

从阿萨德·帕夏故居南下，有一条横贯东西的大马路。顺着大马路往东，应该可以到达东边的城门。其中有一座叫做十字军纪念门，在城门的一个窗户上应该建有十字架。弄清了方向后便开始前去找寻。来到市区的尽头，东边是一片广阔的田地，附近散布着一些近代建筑，应该是学校一类的设施。一旁有几个孩子在路上玩耍，穿着漂亮的衣服，让人觉得与周围的环境很不相称。

其中一个十二、三岁、长得格外清秀的男孩发现了我，并向我跑

来,用流畅的英语对我说:

"您一定是去教会学校的吧? 请往这边来。"

并且走到前面为我领起了路来。

"我不去学校。不过你一定是学校的学生吧?"

"是的,戴维斯老师一定在等着您。"

这孩子无论如何都认定我就是要去学校访问的人。来到学校的边门口,向我喊道:

"戴维斯老师在这边。"

一边往回朝我看,一边踏进校门不停地朝前走。

"真的不好意思,我不是要去学校的。"

说着,迅速从门前走过,结果那男孩转身追了上来,抓住了我的胳膊。

"请给我小费(Bakshish)。"

这句意想不到的话真是让我大吃一惊。我又重新打量了一下这个男孩,藏青色的短上衣配着洁白的麻织半裤,脚上穿着小山羊皮高级黑色鞋子,看上去是地道的百万富翁家少爷的打扮。褐色的头发推得前面略长,脸色像法国人一样白,黑色的眼睛放出光芒,显得非常伶俐。

"为什么?"

"我和朋友们玩到半路,停下来把您带到这里来了。"

"但我不是说了我不到学校去吗?"

刷地一下挣脱了那孩子搂着我两臂的手,回头一看,只见男孩脸色大变，忿恨地站在那儿。走出两三步后，我感到有小石块砸到了我的背上。

"叙利亚人"这个名称，在中世纪的欧洲曾被看作是犹太人的同义词。而一说起叙利亚的犹太人，似乎那便是犹太人中的犹太人。听说即便是在叙利亚，大马士革也是最招人讨厌的地方，现在终于体会到此言不虚。迄今为止，向我要小费（Bakshish）的都是像叫花子一样的孩子，而在这里，百万富翁的少爷居然也向我勒索，看来教会学校的教育也完全不足以矫正其本性。想要改掉这种习性，外国人开设的教会学校什么的根本无济于事，只是多管闲事而已，无论如何都必须由叙利亚人自己来展开国民教育，为此，当务之急是叙利亚人的彻底独立。而如今叙利亚却处在英美财阀的统治之下，因此，叙利亚人必须要有强烈的独立意愿。

但因果循环，问题似乎不会这么简单就能解决。这恐怕不仅是叙利亚人的苦恼，也是整个西亚人的苦恼。

带有十字架窗户的城门立刻就找到了。虽然这究竟是不是象征着十字架还很值得怀疑，但这座城门与其他的阿拉伯式的城

大马士城门上的十字架（原著第375页）

门稍有不同,用精良的白色石块砌筑,看起来非常坚固,从这些方面来看,应该还是与欧洲人有关。我沿着城墙外尘土飞扬、坑洼不平的道路,频频地与牛马队列擦肩而过,绕到北边,到了达巴拉达河边。这一带因为筑坝引水灌溉,看起来水量非常丰沛,民居周围沟渠环流,让人想起了日本的田园春色。从托马斯门到幸福门(Bab al-Salam),这一带的景色,很像京都的堀川以及高濑川沿岸的街巷,只是很不干净。这一天的参观真的像是急行军。

东部的城墙已被民居包围,基本上看不到。因地图上清楚地标着城南有古代城墙,便乘兴前去探访。坐上电车,在西纳尼耶清真寺附近下了车。西纳尼耶清真寺因其铺设精美的釉陶装饰砖而著称。进入寺内,感觉并没有想象的那么漂亮,倒是面对马路的大门相当华美,铺砌着藏青、绿、红等各种颜色的釉陶装饰砖。顺着马尔喀斯路向东走去,却一直见不到城墙。来到附近地势较高、正在修筑马路的地方一看,地下深处有好几层砖块层。这座城市恐怕也与古代的特洛伊一样,屡次遭到破坏后又反复在上面建起新城。如果把现在的城市全部移走再进行考古发掘,想必会有出人意料的有趣发现。

按地图判断,自己确实已经来到了有城墙的地方。眼前有一条宽阔但弯曲的道路,便想走进去看看。附近的样子怎么看都觉得不寻常,很大的一座三层楼房,高高的走廊下,一个半裸的女人一边大声叫喊一边追着什么人,绕来绕去,最终不见了踪影。抬头望见门上写着"白人之家"(Maison Blanche)的字样。这一带原来是像巴黎蒙马特那样的花街柳巷。还有一家，门扇上写着"休憩家园"，门开着，院子里有喷泉，看不出是法国女人还是阿拉伯女人坐在那儿盯着外面看。本以为这条街可以一直穿过去，结果是个死胡同。调头回转，又一次走过"休憩家园"的门前，刚才的那个女人正频送秋波（wink），这地方好像一大清早就能揽到客人。

最终也没能找到城墙，只得返回马路等电车，前往南边的麦丹地区。这里的电车只有一条线路，跨上了一辆往南的电车，却不知道在哪儿下车，结果在终点站前大约第三站下了车。麦丹地区是基督教徒聚居区，但周围的环境却与其他地区没有任何不同，像是乡下小镇的边缘地区，民居低矮肮脏。虽说是基督教徒聚居区，但到处都可以看到清真寺，走进一两个看了看，哪儿都像是废墟一样。踏上归途，天色已经晚了下来，途经一座相当大的清真寺，似乎正赶上祈祷的时间，信徒们祷告时的调子一直传到了门外，便倾听了一阵那流畅的旋律。

大马士革市西北依卡西翁山，山麓是萨利西耶地区，有电车一直通往那片高地。在旅馆前坐上了车，电车经过的街道显得很陡，不过实际上也不至于太陡吧。路两旁有许多新建的法式建筑，看上去像是学校或医院什么的。经过萨利西耶门，电车到达了山脚下。电车轨道依然向西南的高地延伸，随后才是终点。这一带好像是新开发的区域，街道比较规整，基本上呈棋盘状。穿

过街区沿山而上，登上了山崖，大马士革平原尽收眼底，极目远

望,郁郁葱葱。沙漠中能有如此广袤的绿洲,实属稀罕,也难怪《一千零一夜》时代的旅行者们将大马士革的临泉之美置于巴格达的繁华之上,对其大加赞赏。皆因此地海拔二千二百六十四英尺,土地既已高爽,又有赫尔蒙山脉和东山(Sharqiya)山脉积雪融化后形成的大小河流,四季都受其灌溉。

站在红土陡坡上,看到一对像是欧洲人的夫妇正带着孩子玩耍,好久没有感受到这样的祥和气氛了,看在眼里,满意地踏上了归途。途中有一条快要完工的马路,叫巴格达大道(Boulevard),于是决定临时下车,想看一看法式营建方式。道路建设工程还在进行之中,路很难走。附近应该有泉水涌出的地方,却怎么也找不到。回到旅馆附近,被汗八里广场(Place)这个地名所吸引,试着找了一下,结果是一个建在三岔路口的小广场,除马驼往来外别无他物。

之所以对"汗八里"这个名称感到好奇,是因为在蒙古时代,西方曾将中国的北京称为汗八里。一般认为,汗即蒙古大汗的汗,八里则是城的意思,合起来意为大汗之城。不过既然这里还有一处完全同音的汗八里,那就不得不再费一番脑筋了。这里的汗,意为旅行者投宿的旅馆,是环绕着大院子而建的大型建筑,也就是馆驿的意思。八里的确切含义不明,或意为枣,或意为成年。总之,"汗八里"的意思,就是曾经有过"八里"这个东西的馆驿。由此看来,北京之所以被称为"汗八里",其本意即为商队的馆驿。不过,这个关键的"馆",只剩了个名字,实物没有保存下来。就算保存了下来,对于语言不过关的我来说,也不可能作出什么进一步的议论了。

在大马士革逗留了三天,似乎还有很多地方应该去看一下,但是因为急着赶路,便在旅馆前面的车站订了汽车票,越过黎巴嫩山脉,前往贝鲁特。

贝 鲁 特

从大马士革出发的客车,前行不久便来到了黎巴嫩山脉。据说在上古的腓尼基时代,人们曾在这座山上采伐杉树,建造大船,但现在的黎巴嫩山已是一座光秃秃的荒山,满目萧条,不禁痛感文明真是一个糟蹋大地的东西。古人糟蹋的还只是地上,而现代人则一直挖到了地下,疯狂掠夺煤炭和石油。这样下去,几百年后会变成什么样子,真的不敢想象。如果傲慢的美国人用尽了石油和铁,退化成和原住民一样,那也不失是件痛快的事,可是如果抚顺的煤矿也挖不出煤了,那麻烦可就大了。不过无论如何,位于季风地带的东亚太平洋沿岸都不会变成沙漠。如此说来,数百年后,成为世界第一的资源大国而存活下来的应当是与南洋相结合的日本。黎巴嫩山之所以被文明所糟蹋,一定也有其气候上的弱点。

公路时不时在绝壁上盘旋,下临万仞峡谷,看到谷底散落着的汽车残骸,心里一阵阵发怵。汽车行至山脉最高峰时,飘下了几滴小米粒般的小雨,洒落到坐在收起车棚的客车中的我的脸颊上。进入西亚以后,早已将下雨这回事忘得一干二净。从这以后直到离开埃及,除了在海岸边的海法外,始终未被雨淋过。

下了山进入平地,农田绵延不绝。虽然不知道种的是什么东西,但可以看到这里的农田像日本一样,阡陌纵横。进入贝鲁特市区后,投宿在塞拉依广场一角的新萨沃伊饭店。

在叙利亚的地中海沿岸,船舶辐辏的繁华城市,由腓尼基时代的西顿市、提尔市,到希腊时代的塞琉西亚市,再到中世纪的阿卡市、的黎波里市,随着时代的变化而时有不同,现在最繁华的地区则转移到了贝鲁特市。该市人口十五万,是法国经营叙利亚的根据地,派驻总督进行严密监管。虽然今年在承认叙利亚人独立的名义下形成了叙利亚、黎巴嫩两个共和国,但实际上和法国托管时期没有任何变化。

前往领事馆向小长谷领事致意,并了解了当地的现状和古迹分布情况,对方提醒我一定要去看看巴勒贝克遗址。出了领事馆在市内转了一圈,繁华的街道两旁,挤满了时尚得过头的法式建筑,不管走到哪里都通用法语,好像来到了法国的某个地方小城。发现一处博物馆,便进去看了看。博物馆的建筑物虽然寒碜,但藏品却出乎意料地丰富。尤感好奇的是有一个赝品展示馆,里面陈列着雕刻和印章等物。遗憾的是忘了问个究竟,到底是因为博物馆不小心上了当后为了泄愤摆出来的呢,还是一开始就知道是假货,作为参考而展示出来的?当时就觉得日本的博物馆也应该辟出空间来设立一处这样的展室。

因为拿到了给钟纺①办事处入野先生的介绍信,便前去探访,很快就找到了。据入野先生说,三井物产的松下先生待在这儿的时间更长,对这一带的情况非常熟悉,于是便一起拦了辆出租车前去拜访。停车后掏出钱递给司机时,入野先生赶紧把我的手挡开了,并责备道:"请别开玩笑,哪有让客人付钱的道理!"说起来自离开土耳其安卡拉后,还没有一次能让别人为我白带路的,就算是只说过几句话的人,只要是一起坐车,就得负担对方到目的地为止的车费,这似乎已经成了习惯。想到在东方尽头的一个国家,居然还通行着帮了忙的人要为被帮忙的一方付车钱这种不合理的事情,一种说不出来的思念涌上了心头。

松下先生正好在家,便听他天南海北地聊了起来。据说日本的商品在这一带卖得很好。还谈到沙漠上的游牧民一年到头都深受蚊子的折磨,人还算好,最要命的是马驹。马驹遭到蚊子的侵袭,总是长不大,要是能够驱除沙漠上的蚊子,当地畜牧业的生产能力一定能够提高好几倍。为此,日本生产的蚊帐最近源源不断地出口到这一带,游牧部落的酋长甚至一次就买走几万顶。要不是来到当地亲耳所闻,怎么也想象不到在干透了的沙漠上还会有蚊子,看来地理学只靠地图和统计是不行的。如今的地理书,叙述得非常简洁,没有任何多余的东西。比较起来还是过去的书

---

① 钟纺,日本著名大企业 Kanebo。

好,将实地考察的遭遇、体验等都掺在一起,看起来虽然驳杂,但却因此传达了更加真实的情况,也显得更为有趣。在这一点上,与地理关系密切的历史学也一样。可是这世上却有很多人不这么认为,在他们看来,写出来的东西只要不掺合任何无关的内容,像制图一样没有个性,像教科书一样枯燥无味,那便是科学的东西,这种想法真让人头疼。

第二天,前往比布鲁斯参观。旅馆的前面有一个大广场,紧靠着还有一个小广场,小广场便是汽车的停车场。这一带公共客车比较少,取而代之的是拼乘的小汽车。向停车场预约后,只要往同一方向的乘客达到四五人,便可随时出发。如果是前往交通流量大的地方,只需等上不到一个小时;如果旅馆就在附近,汽车还可以前来迎接,非常方便。

比布鲁斯位于贝鲁特北边的海岸线上,当地称朱拜勒,意为山。这里自古以来便是石料的产地,附近应该就有可供开采石料的山体。我之所以前去游览,本意并不在比布鲁斯,而是觉得一路上都是海岸,景色应当很不错。在停车场找到了前往的黎波里的拼乘车,便坐了上去。汽车奔驰在沿海岸铺就的柏油马路上,轻轻摇晃,非常惬意。左边就是地中海,望着蔚蓝的海浪,突然产生了自己正行走在东海道①上的错觉。

汽车行驶了二三十分钟后,渡过了一条叫做狗儿河(Nahr al-

① 贯通日本本州岛中部、太平洋沿岸的大道。

Kalb）的小河。路边的断崖上刻着铭文，说是拿破仑三世所遣远征军曾路经此地。公元 1860 年，叙利亚一带爆发了迫害基督教徒的运动，法国为此出兵占领了叙利亚海岸，碑文便是为了纪念此事。当时的迫害运动非常激烈，大马士革等地有很多基督教徒遭到屠杀，剩下的则流亡到了贝鲁特，因此直到今日，贝鲁特依然是唯一一个基督教徒人口占绝对多数的地方。

这里除拿破仑三世的铭文外，还有几处亚述时代的铭文，甚至还有埃及时代的，总计达十一处。据说拿破仑三世刻下的那处铭文，其实是磨掉了古埃及的雕刻后刻上去的，真是作孽。古代的东西多半已经磨灭，分辨不出形迹。不过有一种说法，说是西方在很古以前就有在便于瞭望的岩石上刻字的习惯，中国是战国时期开始才加以模仿的，只不过后来石刻在中国得到了独自的发展，逐渐蒙上了文学美术的色彩，以至到了今天，本应是正宗的西方石刻，看起来实在是无趣至极，大煞风景，毫无情趣可言。

比布鲁斯其实是个人口仅一千人左右的小村庄，不过，侧旁的山丘上保存着要塞的遗址；山坡上则有著名的公共墓地，据说自上古埃及时期就已存在。在像是埋设过煤气罐一样的空洞底部发现了精美的石棺。实际一看，岩石上确实有像凿开的水井一样的洞穴，据说深不见底。政府正试图对这一带进行发掘并将其复原，正像是意大利庞贝古城的发掘工程。

第二天游览的是贝鲁特南边的赛达，即古代腓尼基的中心城市、曾经繁盛一时的西顿市的遗迹。叙利亚的地中海海岸线虽然单调,但却时不时地有些岩石山体的一角突入海中,小船可在其背后躲避风浪。从北往南依次有的黎波里、贝鲁特、西顿、提尔、海法,地形几乎都是一模一样的。只不过各港市在历史上各有盛衰,现在则以贝鲁特最为繁华,而曾经将商船远送到英国海岸的西顿,现在只是个人口一万有余的寒酸村落。

确如导游手册所说,西顿几乎没有什么可看的。前往海岸的沙地,发现前方横卧着长长的礁石,上面各处都有像是人工开凿的道路,有点陷脚的沙地走起来非常舒服。走过沙地,试着爬到礁石上面,礁石的凹陷处潴留着拍打上来的清澈的地中海海水。这一带的海,因为没有河水的流入,海水透明澄澈,不过水至清则无鱼,因此腓尼基人终究没有成为渔业民族,而必须成为航海民族,这也是有其道理的。可以看见礁石北端的古代城堡遗址,正值涨潮,通往城堡的石桥被潮水淹没,无法过去。

海上的西顿古城(原著第382页)

回到城市一侧,攀上一处断崖。断崖的最高处像是一座瞭望台,这里只有一座清真寺。从清真寺下到市区。让我吃惊的是,这座城市全由石块构成,而且这些石块都还不是自然的石块,都经过人工的修凿。古代的城墙纵横交错,城墙里外上下均用石块砌成,而现在的居民又在石砌的城墙上掏出洞穴,改装后作为住宅使用。古代叙利亚人石艺的规模之大,再一次让我惊叹不已。向南穿过市区,有一座稍高的山冈,上面筑有城堡,不过城堡已经完全荒废,只剩下较大的建筑残骸耸立其上。从这儿有一条小路通向海边,附近的小山都是贝壳堆积而成的。这些贝壳应该是人们获取在古时非常著名的紫色染料后丢弃的。这一带全是贝壳堆积而成的小山,内地的小型贝塚遗址根本无法与之相比。贝壳小山上还拣到了一些古希腊时期的陶器碎片。

小姑娘与小口袋

走在贝鲁特的大街上,想起口袋里还有几封要寄往日本的信件,便走进了一家有"〒"记号的快运店。买了几张邮票,掏出一块钱的银币递给了站柜台的十八九岁的女孩,应该找我三十多分(Centime)。但那女孩动作慢吞吞的,我便看起了放在稍远处的明信片,这是第一个不该。没发现什么中意的东西,便催促她赶快找我钱,结果这个像法国人一样摆着一张冷脸的女孩吵架似的对我说已经找过钱了。

那女孩说"你一共买了这么多邮票",并拿出笔算给我看。难道这还要笔算,我早已心算出来了,真把人当傻瓜。吵到最后,对

方说:"你那里肯定有我找给你的钱,不信你把你的零钱全部掏出

来给我看看。"我竟稀里糊涂地从裤子口袋里把所有的钱都掏了
出来,又是一个不该。我对那女孩说,十分和二十分的镍币一
个都没有,心想这下要你好看了吧。没想到对方更强硬,指着一
个五十分的银币,来了句"这就是刚才找给你的钱"。我再次逼
问说,三十多分的找头,你会给我五十分的银币吗?结果只落得
个一句"那是我刚才多找了,把多找的钱还给我"。跟这种厚脸
皮的女人对上了,就算是堂堂日本男儿,也只得甘拜下风,就此
作罢。

　　一路想来,阿拉伯人骗人的手段大体上有固定的套路。第一
次碰上,会让你大吃一惊,但那只能怪你自己见识短,没经验。说
不定照对方的逻辑来看,连这种常识性的基本战术都看不出来的
人,只能怪你自己不好。刚才也是这样,我把零钱一个不剩地掏
出来托在手上给对方看,就相当于一开始就向对方摊出了自己的
底牌。像这种时候应当先问对方找了我几个多少面值的镍币或
铜币,然后如果自己手中没有对方所说的零钱,那么至少可以让
对方承认没找过我钱。到了这一步,对方或许还会使出什么绝
招,但是,三十六计的第一计就完全暴露出自己既无知识又无防
备,在这场争吵中与其说是最终败下阵来,不如说是吃了哑巴亏。
即便如此,这女孩也实在太可恨了。"惟小姑娘与小口袋",①看
来,大意不得的不光是在日本。

---

① 　此为日本俗谚,意为小口袋看似小,其实容物颇多;小姑娘看似好养,其实花费颇多,意为
　　两者皆不可掉以轻心。

那天晚上被叫到小长谷领事那里去吃晚饭，与会的号称是居住在贝鲁特的所有日本人，不过其实只有大原书记官夫妇及入野、松下两位先生而已。席间言及那女孩私吞零钱的事情，领事夫人嘲笑道："看来那女孩一定是个大美人喽。"松下先生不愧是松下先生，说道："那算什么，阿拉伯人折腾了半天骗个一两美元，这没什么大不了。这种钱大可以由这些家伙去赚，我们再在别的地方赚大钱不就行了吗？"松下先生在这里待了很久，说得好像是把三十六计的里里外外都研究透了一样。他在别的地方能赚到大钱，当然无所谓了，但对我来说，哪里都无钱可赚，从头到尾光是赔钱，一点好处都没得到。

跟他们说到我打算尽快出发前往巴勒斯坦时，领事等人都忧心忡忡，帮我谋划起来。据报道说，巴勒斯坦的阿拉伯人正在掀起反英、反犹运动，引发了很多事件，英国人乘坐的汽车碰上了地雷，耶路撒冷城里拍照的两个美国人遭到围攻，被打了个半死，等等。虽说日本人是中立的局外人，应该不致有什么瓜葛，但一旦遭了池鱼之殃那可就吃不消了。最成问题的是我想绕道拿撒勒，而那里的骚乱似乎最为激烈。

入野先生说应该没什么问题，而看起来果敢的松下先生却变得很谨慎，建议不走拿撒勒，坐火车沿海岸线直接前往耶路撒冷比较好。结论是先到海法看看情况，然后再决定去不去拿撒勒。有一个姓藤田的人在海法住了很长时间，对情况比较了解，最后决定先与其商量，如果没什么要紧的话，再坐汽车绕道拿撒勒。

宴会结束后，收音机里播放着日本对欧洲的广播。远离故乡的日本人，凑在一起聆听日语广播，思乡之情，油然而生。

众人劝我在离开贝鲁特之前，一定要去巴勒贝克看一看，便听从大家的建议决定第二天前往。虽然有提议说可以把领事的车借给我，但我还是婉言推辞，说旅馆旁边就是停车场，坐上拼乘汽车哪里都可以去。松下先生夸奖道："这次的客人能自己行动，不用费事，真是省心。"

出了领事馆，沿着铺装整齐的长长缓坡而下，毕竟已是深夜，只觉得吹在脸上的风也是凉飕飕的。

跟以往一样，在旅馆旁边的停车场预定了拼乘汽车。同车的乘客中有一位青年绅士，看了一下他递过来的名片，且不说头衔上写着"《朱庇特报》主笔"，还自我介绍说自己是诗人。在日本恐怕绝不会有人在向别人通名报姓时就自称诗人的，但此处不愧为自古以来就是推崇文学之地，说不定诗人更能够显示身份。诗人一路上跟我说起了很多并不诗意的现实问题，还说到法国虽然将叙利亚变成了自己的托管地，但却发现并不如想象的那般有赚头，因为便宜的日本商品源源不断地涌了进来。这次名义上让托管地独立，建立了叙利亚和黎巴嫩两个共和国，说不定本意就是为了让其排斥日本商品，并提醒一定要多加注意。

汽车停下后，与诗人分别，跟着众多的游客走向巴勒贝克神殿。巴勒贝克是祭祀巴力神的地方，而巴力神则是与古代以色列朴素民族相对抗的文明民族叙利亚人的守护神。在阿拉伯人心目中,与以色列的神耶和华作为善妒和令人恐惧的军神相反,叙利亚人的神巴力则是与众人分享幸运的福神,据说游牧的以色列人后来逐渐舍弃了原有的信仰,转而想要得到巴力神的恩惠,因而巴力神必然有着相当大的魅力。见到这种情况而不胜忧虑、大声疾呼人们回归朴素的古代信仰的便是《圣经·旧约》中的先知们,基督亦是其中之一。经由基督之手耶和华也获得了新生,但在某些方面,新生后的耶和华身上总有着挥之不去的巴力神的风姿。

巴勒贝克神殿建造于罗马时代,现在已成废墟。罗马人将巴力神与朱庇特神视作同一个神,因此这座神殿也是献给朱庇特神的,旁边还附带有巴卡斯神殿。穿过巨大的门之后,有一个六角形的前庭,后面还有大致呈矩形的中庭,但神殿和前廊均已颓毁,巨大石材建筑构件散乱一地,就像是销售石塔等石材的商家大院。比较起来巴库斯神殿保存得还较为完好。总的来说,叙利亚一带因为石材丰富,到处都遗留着巨大的石构建筑遗址。而要搬运和雕刻这么多的石材,除了庞大的劳动力之外,还要有高超的雕刻技艺,如此看来,在世界历史上,叙利亚才是物质文明的中心,而且还应当持续了相当长的时间。埃及的遗址固然庞大,但也只限于开罗附近及以卢克索为中心的两三个地点,而叙利亚则遍地皆是,每隔五十公里或一百公里,便有巨大石构遗址的分布。为了更好地理解人类历史,探究叙利亚在世界史上所具有的意义应该是至关重要的。

巴勒贝克的神殿(原著第387页)

　　附近还有维纳斯小神殿,保存得更为完好。回到停车场,近旁有饭馆,尽管较为简陋。归途乘坐的也是来时的那辆拼乘汽车。来的时候,同车的诗人留下话说这里的道路非常曲折,比较危险,而这辆车的司机驾驶技术娴熟,应当事先订好回去的座位,而我真的相信了。看来这番话与其说是出于对我的关心,还不如说是在恭维司机。托诗人的福,花了老半天时间终于攒够了同乘的人数,而且还不得不支付了空座位的车票钱,直到傍晚才回到贝鲁特。

　　大名鼎鼎的巴勒贝克也游览了。此外还有什么巴尔米拉、拉塔基亚等没能去成,虽然心中多少有些遗憾,但是为了赶路不得不向南进发。十月十五日早晨,坐上了前往海法的拼乘汽车,向巴勒斯坦进发。边境检查行李时,在贝鲁特购买的报纸被一张不留地没收了。之所以买了这些报纸,原来是想用作阿拉伯语的样本的。据说现在巴勒斯坦爆发的反英、反犹运动纷扰不休,运动的总部就设在叙利亚,而法国对此并没有取缔,因而边境上的管制才会这般严格。太阳还高挂在天上时,汽车进入了海法市区。

巴勒斯坦托管区

拿　撒　勒

走在海法肮脏的街道上,可以看见穿着咔其色半裤的英国士兵五人左右一组,手里提着大大的棍棒,耸着肩膀阔步走在大街上。虽然碰到阿拉伯人时英兵也是视而不见地让他们过去,但目送对方的眼睛中确实充满着憎恨的目光。市场的混杂和肮脏与别处没有什么不同,但由于海法位于海边的低洼之处,因此湿气很重,臭气扑鼻,苍蝇乱飞的嗡嗡噪音也非同寻常。

沿着新开辟的道路爬上高冈,确实地处高爽,令人愉悦。一路摸索,寻找居住在德国居留区(Settlement)的藤田氏。因此前贝鲁特领事馆曾提醒过我,想找到藤田氏先向他打听一下这一带的骚动情况,然后再决定是否前往拿撒勒。走着走着,开始觉得有些想法很荒谬。再怎么住了几十年的人,想来也不可能预言何时何地会发生什么样的事故。一般的气氛我自己已经感觉到了,只要不是有意盯上中立的局外人，只要不和西洋人在一起，就应该不会有什么池鱼之殃，一去又有何妨！因此放弃寻访藤田。从山冈上眺望海法市内的连甍，以及前方波浪翻滚、海水清澈的地中海后才打道回府。

旅馆的伙计啰里啰唆地问我下午的汽车怎么办，还半带威胁地说，今天不管哪个车站都没有去拿撒勒的车，还得他费一番功夫去为我说说情。昨天傍晚就是这个伙计与停车场的老板合谋，又是装行李费，又是搬行李费，又是卸行李费的，要了我一大笔钱，让人很不愉快，这次便一口回绝了他。其实在回旅馆的路上，我早已顺便查到了另一处停车场有下午两点的拼乘汽车前往拿撒勒，因此这一次不管那人说什么都骗不了我了。

吃过午饭，付了钱，提着行李往外走，那伙计追了上来，又威胁似的说没有车到拿撒勒，你到底想怎么办，还装腔作势要帮我提行李。我放下行李，挡开了他的手。这时，昨天的那个停车场老板不知何时跟到了后面，几近哀求地说他会出车，请我一定坐他的车。看这架势，就算强拉也要拉我上车。正为难时，刚好从对面开来一辆写着前往拿撒勒的拼乘汽车，举手示意后车立刻停了下来，我便挤进了已经客满的车厢。望着张大了嘴的两人，心里做了个鬼脸，暗暗说道这下有你们好看的了吧，汽车随即全速向前驶去。

在车门处安置了行李后坐了下来，过了一阵有座位空了出来，便坐了过去。汽车和日本的观光巴士差不多大，座位上附有靠背,完全没有伊拉克沙漠中的货车那般颠簸。同车的乘客看起来都是阿拉伯人,看来坐在这辆车上就用不着担心途中受到攻击了。

从平坦地带进入起伏的丘陵,不到两个小时便到了拿撒勒。拿撒勒只是个小村庄,坐落在一座小山的东南斜坡上。本来,汽车停在村口旅馆前面时就应该下了,但又坐了一会儿,结果被带到了村子的中央。四面望去,附近好像没有旅馆,便提着沉重的行李又回到刚才的那家旅馆住下了。这家旅馆名叫伽利莱,幸亏还有空房,因此我得以住进一间安静的房间。

来到食堂,看到这儿的客人都是些年轻男子,其中似乎有英国的军官,还有说德语的,应该是德国人吧。这座旅馆号称是德国式旅馆,不过老板似乎并不是德国人,这恐怕是德意志帝国繁荣时皇帝(Kaiser)南进政策的遗物。饭桌上放着素烧的陶水瓶,至今为止我已经旅行了很长时间,但直到此时才第一次用这阿拉伯人常用的素烧陶瓶倒水,并喝下肚去。水会渗透到素烧陶瓶的胎中并蒸发掉,因此里头的水应该都是凉的,而青瓷水瓶对这一带来说既不适用也不需要。只是从素烧水瓶倒出来的水,土腥味扑鼻。到了黄昏时分,到处都能听到教会的钟声。从各种不同的钟声来看,教会应该不止一两个。虽然只是个芝麻粒大的小地方,但不愧为基督的故乡。

沐浴着清晨的阳光,走出旅馆,沿着大道向北,在三岔路口有玛利亚的水井。井水用土管引出后落入水槽,村里的妇女用素烧

玛利亚的水井（原著第 391 页）

的水瓶打满水，将水瓶顶在头上，这幅画面，想来和两千年以前应该是一模一样吧。这口水井位于村子的最北边，经过井边登上高岗，又沿小路返回，看到有天使报喜堂，①走进去一看，里面正在读经。走到角落里静静地待着，看到有穿着教士服的教士走了出来，拿出一个系着长长链子像皮球一样的圆形香炉，在众人面前嗖嗖地挥舞，接着便有难以言状的甜美香气掠过鼻端，原来这就是被除仪式。此地使用的香料与日本的香木类不同，是树脂类的乳香，香味异常强烈。祭坛的下面有洞窟，便试着沿阶而下。柱

---

① 《圣经》所说的天使向圣母玛利亚报告其怀孕消息的地方建立的教堂。

子和墙壁上都绘有油画一样的装饰,微微发黑,灯火投影其上,阴森森的,让人并不怎么觉得心情愉快。

出来后朝南走去,发现还有另外一所天使报喜堂。觉得奇怪,便拿出地图对照方位,似乎这一座才是真正的报喜堂。看到有小学生在玩耍,便去询问天使报喜堂在哪儿。这孩子英语很好,说要给我带路,便走了进去。后来一查才明白,刚才去的是希腊正教会的天使报喜堂,这次的才是天主教会的天使报喜堂。天主教会的教堂更大,更加堂皇。这所教堂里果不其然也有地下洞窟,不禁怀疑天使是否真的会特意钻到这样的洞穴中来。周围有施工的围挡,看来若进行发掘,还会有好东西出土。

小学生问我想不想去看看约瑟的家,便跟着前往。这也是一座地穴式的仓库。约瑟经营的木匠铺当然不会在这种洞穴之中,应当是后来埋到了地下。这个洞穴已经被土埋得很深,距现在的地面约有两层楼的高度,看来是房屋多次倒塌又多次重建后形成的现象。不说基督的父亲,不说约瑟,单就考古学而言,这所房屋也非常让人感兴趣,摆放着的刨子、锯子等木匠道具,当然是后人的附会了。

小村拿撒勒非常平和安静,很中我的意。与别处相比,风气也不坏,如果这样的地方都有骚乱发生的话,那一定是英国的不好。在旅馆听说前往耶路撒冷的汽车就停在门前,决定明早启程后便上床就寝。傍晚,各处教堂的钟声响彻四方,经久不息。

第二天早上,坐上前往耶路撒冷的拼乘汽车,在起伏的丘陵间一路南下。途中虽然还有很多有案可稽的古迹,不过这些还是留待基督徒前去参拜吧,我则一路直奔目的地而去。到达耶路撒冷,投宿在雅法门左手边的城堡旅馆。

耶 路 撒 冷

到了旅馆,导游们便纠缠不休地拥了过来,一再催问今天要到哪里去。已经吩咐过伙计自己绝不见导游,让其将导游赶走。不过,旅馆的伙计本来就是和导游串通一气的,让人毫无办法。只要一走到走廊上,导游们便立刻喊着"你好,你好(hello,hello)",并一直跟随到洗手间。不过想来也是,也许是因为最近的反英骚动,来访的游客少了不少,导游们的饭碗似乎也很难确保。

天色还早,心想大概还来得及去参观一下似乎离此不远的基督圣墓教堂。刚走出门,一个不知从哪里就一直盯着我的青年导游追了上来,问我要到哪里去?回答说散步。对方又问到哪里去散步?回绝说不去哪儿,随便走走。对方说那你到这边来,便走到了我的前面。我看出他似乎是要往圣墓教堂去,便故意在途中走进了岔路,结果他又跟了过来。好不容易甩掉了导游,松了一口气,结果又发现自己摸不清东西南北了,原来自己走进了西亚特有的杂沓、狭窄的市场小路。不过耶路撒冷毕竟是个小城,且此时亦已习惯了旅途,觉得自己的第六感异常发达,东走西走之后自然能够找到回去的路。脑海中大致计划好了明天的参观路线后,日落时分顺利回到了旅馆。

第二天,导游们似乎都死了心,再没人硬靠过来,我便悠然地来到了城里。圣墓的地点很快就搞清楚了。圣墓的外侧围着废墟般的高大石墙,进入其中,眼前是俨然耸立的圣墓之门,进入墓门后,四周一片漆黑。我没顾得上"世界的中心"、"玛利亚眺望基督遗体处"等不如没有的名胜,一直进到了最里面。高大的穹隆顶下有像是橱柜一样的东西,据称这就是基督的墓。这里灯火辉煌,亮如白昼。钻过小小的入口,看到一个闪闪发光的大理石祭坛。信徒不管男女老幼,进到这里后都会不由自主地跪倒,满含眼泪地亲吻祭坛的大理石。多么神圣的光景啊!连我这个不信神的人都被感动了。

离开橱柜来到大堂,看到一队穿着黑衣,系着腰带绳的修道士,在一个先导的带领下,一边异口同声地念着经文,一边手持火把绕圈祈祷。我暗自庆幸,跟随其后,从角落里一扇开着的小门进入了地下室。像是善光寺的胎内潜①一样,在一团漆黑中摸索前进,所幸不时供奉着神灯。地下室中那些基督徒眼中神圣的柱子啦拜坛啦什么的黑乎乎地浮现在眼前,令人印象深刻。

离开圣墓教堂,再次仰望天空,不由得一阵目眩。向东穿过狭窄的道路,豁然开朗,这里便是著名的奥玛岩石清真寺。这座

---

① 善光寺位于日本长野县长野市(旧信州),"胎内潜"是流行于日本,将洞窟视作佛胎,并从中穿越的习俗。

八角形的清真寺，据说建立在亚当下凡时留下脚印的巨石上，是伊斯兰教的大伽蓝。巨石是绿色的岩石，伊斯兰教徒和基督教徒都将其视为圣灵之地。在入口处买了票，进到里面，是一个用石块铺得非常平整的广场，朝东眺望，隔着汲沦谷，遥望橄榄山，高敞宽阔，地居形胜。铺在广场中央的一层石地板更高，其上即奥玛清真寺，巨大的穹隆顶摩天而立。伊斯兰教的明朗在这里也得到了显

奥玛岩石清真寺（原著第 393 页）

现，而这一带基督教的阴郁感觉根本无法与之相比。在西亚，基督教是地下洞窟的宗教，而伊斯兰教则是地上殿堂的宗教。

　　走进内部，穹隆顶的采光设计得很巧妙，和屋外一样明亮。在大堂中央的铁栅栏里便是刚才提到的那块岩石。岩石非常大，表面凹凸不平，看起来发黑，应当是橄榄石的缘故。关于这块岩石，有谁谁谁曾用来祭献牺牲等众多传说。马上就是正午，教徒礼拜的时间就要到了，带路人催促着快点儿离开，于是走出了穹隆顶大堂。院落中有很多附属建筑，每一个看上去都相当精美，

不过我只顺路经过阿克萨清真寺和卡特巴泉水殿便出去了。

附近的市场是西亚随处可见的地方，人群与货物混杂相处，不过附近的住宅看上去却异常结实，似乎是利用古代城墙的石材建起来的。街道在几处变成长长的地下隧道，应当是因为要穿过这道城墙。

耶路撒冷的名胜之一是"哭墙"。这是一处古代城墙的基座，高出地面，每个星期五傍晚和星期六早上，都有犹太男女聚集于此，对着石墙哭

哭墙(原著第394页)

诉亡国之恨。手持地图，按图索骥，很快就找到了。在石块铺就的广场尽头，耸立着用巨石垒砌的墙壁，看起来像是大阪城的石垣。据说这一部分是仅存的古代所罗门王时的城墙，从一人多高处往下，似乎是被善男信女们的亲吻和泪水打湿了一样，放着亮光。我到达时，周围寂静无声，夕阳照射在石墙上，墙下只有一个英国士兵孤零零地站着岗。

犹太人聚集在此哭诉时的歌词如下：

领唱：为那荒废已极的宫室

众和：我等孤坐叹息

领唱：为那崩塌的石墙

众和：我等孤坐叹息

领唱：为我那逝去的威风

众和：我等孤坐叹息

领唱：为我那死去的人杰

众和：我等孤坐叹息

领唱：为那被焚毁的宝石

众和：我等孤坐叹息

领唱：为我那跌倒的祭司

众和：我等孤坐叹息

领唱：为我那侮蔑耶和华的诸王

众和：我等孤坐叹息

领唱：愿尔怜悯锡安

众和：召集耶路撒冷的子民吧

领唱：快呀快呀，锡安的拯救者

众和：向耶路撒冷的心垂训吧

领唱：愿美与威风环绕锡安

众和：呜呼，尔其以仁慈顾念耶路撒冷

领唱：愿王国速归锡安

众和：抚慰为耶路撒冷而悲叹的人们吧

领唱：愿和平与欢喜永驻锡安

众和：而耶西的树枝将在耶路撒冷发芽

　　足以让人感到犹太人的亡国之恨深入骨髓，而犹太复国运动（Zionism）的愿望亦根深蒂固。

　　昔齐之杞梁袭莒城，战不利，死城下。其妻就夫之所死处，援琴歌曰：

乐莫乐兮新相知

悲莫悲兮生别离

哭之七日而城崩。（见《列女传》①）然则向城而哭，可谓古今东西之共同风习。只是耶路撒冷的石墙厚一丈四，以五尺巨石为基础，高约十六米，②长近五十米，两千年来，犹太女子哭之不绝，至今却纹丝未动。

橄　榄　山

　　耶路撒冷市的北门即大马士革门大街，是这座城市的通衢，

---

① 　《列女传》中的记述与此稍有出入，此处内容似出自《太平御览》。

118　② 　原著使用的是日本旧长度单位"间"，一间等于六尺，约1.82米。本译改用公制，下同。

英军在这里驻屯约一个小队,戒备极为森严。虽然阿拉伯人三三五五结伴而行,但总觉得弥漫着沉闷的气氛。拿出相机正想拍摄附近的风景,一个阿拉伯人走过来向我摆了摆手。不知道是英国人禁止在这里照相呢,还是提醒我别惹阿拉伯人发怒,慌忙把相机收了起来。那两个想拍摄阿拉伯人骚动的美国人遭围殴事就发生在不久之前,看来不可大意。

出了大马士革门后沿着城墙向东前行,有著名的"棉花洞(Cotton Grotto)"。入口处有守门人,提着煤油灯带我参观了洞内。这个洞窟恐怕是地裂形成的,里面相当宽敞,地面凹凸不平,走起路来磕磕绊绊。走了约一百米,到达洞窟尽头,有泉水从窟顶像雨滴一样滴滴答答地落下。对我们日本人来说这并不算稀奇,但沙漠中这样的现象应该是相当罕见的吧。这座洞窟从古代开始就有人类居住,好像一时还被用作基督教徒的秘密教堂。

回到大马士革门,这里有车站,车马发往市区的东、北两个方向。见到有写着前往橄榄(Olive)山的拼乘汽车,便高兴地坐了上去。平整的道路向前延伸,汽车由城市北侧绕到东侧,沿着橄榄山的山脊行驶,最后停在了一个叫做卡弗尔·阿图尔的村庄。原想这里位于山顶,必定赏心悦目,但进村一看,发现只是个尘埃满目的肮脏小村。村里有依据基督升天传说建立的升天教堂。进入天主教会的升天堂后,被人从耳堂带进了一个洞窟,据说这里有基督升天时用来垫脚跃起的石台。按理讲,人类出行时总会选择最短的距离,基督要想升天,是绝不会从这个洞窟起飞的。

从橄榄山远眺耶路撒冷
（原著第 398 页）

　　旁边还有希腊正教会的升天堂,建筑比较漂亮。沿着旋转楼梯来到塔顶,极目远眺,风景绝佳。这里风很大,要是莽莽撞撞地去升天,会有被风吹走、掉入死海的危险。与行走在耶路撒冷市区相比,坐在橄榄山顶的平地上,静静地望着夕阳下的耶路撒冷,更让人觉得心安。

　　上古时期,叙利亚一带的山上郁郁苍苍,森林繁茂,遮天蔽日,而如今黎巴嫩山上已无杉树,橄榄山上橄榄亦不多。在仅存的两三棵橄榄树下觅得树荫小憩,隔着山谷远望,奥玛清真寺的圆顶飒爽而立,高耸入云。与其相连的大小寺院以及民居,像化石一样横卧谷底。眼底是俄罗斯所建的客西马尼园教堂式的东欧圆顶,像一个个栗子,金光闪闪。我决定横穿山谷,前往耶路撒冷市的南端,顺着磕磕绊绊的石子路缓缓而下。

　　从谷底上来了五六个放学归来的调皮蛋,边打边闹,看到我后，似乎一下子把话题集中到了对我的评头论足上。像是要挡住我的去路一样，排成一排朝我走来。小孩子强索小费的事我已经遭遇过好几次了，教训犹在，便毫不示弱地从他们中间大摇大摆地冲了过去，他们果然不敢找茬儿，走出两三步后，只听到他们大声地吵闹起来，好像骂了些什么。

顺路在客西马尼园休息了一下，然后以大卫门为目标，从谷底向耶路撒冷市的南麓攀登。坡比我想象的更陡，大卫门时不时消失在视野之中。在山谷另一边的小道上，有个牵驴的男子频频朝我大声叫喊，不知是想带我去附近的某个先知墓呢，还是出于好意告诉我走错路了。我装作没看见继续往前走，最后，小路果然走不通了，但地图上画的并非死路啊。环顾四周，原路似乎是被山体滑坡给埋了起来，巡视草丛，发现了另外一条小路。这时，突然发现右边高处埋伏着几十个穿着肮脏的半裸孩子，看起来像猎人伏击猎物一样，布下了散兵阵正在等待机会。走近后，敌垒上方，看起来像孩子王的那个起头，众人一齐呼喊"小费，小费"，并做出扔石子的动作，一副挑战的架势。虽然装着若无其事的样子从他们面前走了过去，但其实心里就像是踩到了老虎尾巴一样，幸亏石块没有飞将过来。其中一个五六岁的女孩最为凶悍，口中连声叫着"小费、小费"，冲下敌垒，直追出了十来米。这一带位于耶路撒冷的东南角，是著名的犹太人区，也是风气最为险恶的地区，若是和哪个孩子纠缠上了，不知会闹出什么大事来。对旅行者来说，最难缠的就是恶童，这一点须切记在心。

　　沿着城墙根的大街走到大卫门后总算松了口气。这里也有英军镇守,威风凛凛。一向语言不通的我,一个人彷徨各处而毫发无损,或许正是托其戒备森严之福,也可以说是来得比较巧吧。大卫门保留着古时的样子,城楼上暗藏着很多火枪弓箭的射击孔,从门下通过时真担心会不会被瞄准射中,周围散发着浓厚的中世纪封建气息。

　　门外的南侧应有大卫墓,便在附近寻找,却只见到一两个基督教堂,附近的人家都大门紧闭,想问一下路也无从着手,最终没能找到。再次走出大卫门,沿着城墙绕向北方,过了大卫塔,回到了雅法门的旅馆。

　　归根结底,耶路撒冷只不过是一个虔诚的基督教徒来了之后就会嫌而弃之的地方。它不是巡礼者的天堂,只是好事者漫游的地方。德富芦花①曾说过:

　　　　毁掉周围的城墙,我想将耶路撒冷,包括圣墓教堂,包括奥玛清真寺,将所有的美的东西、脏的东西、旧的东西、新的东西全部焚毁烧尽,而后再确保足够的间隔,多植绿荫,在山上重建一个崭新的耶路撒冷。

　　　　　　　　　　　　　　　——《从日本到日本》东之卷,第 255 页

---

　①　德富芦花(1868—1927),日本近代小说家。

圣墓教堂烧了倒无所谓,但奥玛清真寺还请手下留情。芦花又说:

> 若真如圣经所说的那样(耶稣已经复活),那么,其墓就应
> 为空物。建造在空墓之上的(圣墓)教堂自然亦为空物。我所
> 青睐的,只是少人来往、微暗、冷清的教堂。若干脆没有的话,
> 则更是可贵。

——同书,第 244 页

毁掉先知墓,这正是伊斯兰精神的本意,芦花若有所察知,他
应当更加欣赏伊斯兰教才对,而不是基督教。

伯利恒及其他

旅馆前的停车场有开往伯利恒的拼乘汽车。因为近来的骚
动,乘客极少,上车后毫不费力地找到了座位。汽车一路朝西南
方向开去,沿着小山丘的山脊行驶了二里①左右,路前方山谷中的
小村庄便是伯利恒。

我到伯利恒来,并不是为了寻找基督的诞生地而对其加以亲
吻。雇佣向导而被其索要小费也是件痛苦的事,因此一下汽车便
立刻装作常客一样,满怀自信地大踏步前行,其实当时连方位也

---

① 此处的"里"为日本里,一里约为四公里。

没有摸清。不过,并不用担心弄不清方位,汽车的终点便是圣诞教堂前的广场,而我行走的方向正好对着圣诞教堂的入口。

教堂是用没有任何装饰的巨石建筑而成的。进入教堂后,中间只立着一根圆柱。让我高兴的是,阳光正好从窗口照射进来,教堂内出乎意外地明亮。令人遗憾的是,这里也有基督教离不了的洞窟。为什么基督教这么喜欢洞窟呢?拿撒勒的约瑟夫妇为什么一定要跑到这种地方来生孩子?关于这一点,已有史学家做过考证,总而言之是受到了希腊思想的影响。先不管这些,不管生在哪里,基督还是基督,就算基督没有出生在圣诞教堂,圣诞教堂还是圣诞教堂。这座教堂像城堡一样坚固耸立,占据着形胜之地,这在基督教中还很少见。

再次乘坐拼乘客车回到耶路撒冷,在雅法门的停车场下了车,随后往老城区西北郊新建的欧洲城散步。这里是大战前就开始从欧洲返回的犹太人建造的新区,街道、建筑井然有序,耶路撒冷的繁华街区正在逐渐向这里转移。照犹太人来说,这一片土地是他们以公正的价格从阿拉伯人那里买过来的,可是随着这一带的繁荣,阿拉伯人开始嫉妒,感觉到这片土地似乎是被无偿抢走了一样,因此出现了骚动。犹太人还有一个观点,这就是阿拉伯人没有意识到犹太人的勤奋反过来也将有利于阿拉伯人,这确实也有道理。世界大战后,犹太新区更加显著地向耶路撒冷西北郊外发展。因想看看犹太新区的样子,我便跳上了一辆路过的拼乘汽车。反正去哪里都无所谓,到达终点后再乘同一辆车回来就行了。

汽车一路驶过,沿途是铺着赭红色道路的住宅区。住宅形状各异,屋顶五颜六色。穿行在这些时尚的文化住宅之间,感觉如同行驶在东京的郊外。无论是刚才散步时走过的繁华街区,还是这一带的住宅区,无一不显示出犹太人财力之丰厚,确实令人吃惊。对方如此有钱,那些栖息在肮脏的老城区的阿拉伯人,怎么能敌得过犹太人呢?人盛则克天,除非沙漠中有新的英雄再次崛起,否则以目前的状态,阿拉伯人无论如何都难以凭自己的力量摆脱桎梏。

驶过漂亮的住宅区,汽车停在了一个刚刚平整完毕的小广场上。因为没有其他地方要去,便下车蹲着稍稍休息,等待汽车继续前行。过了一会,好像要发车了,于是再次上车。乘务员露出惊讶的表情,大概是觉得我该不会搞错要去的地方了吧,但并没有质问什么。不久,汽车又开回了刚才走过的那条购物街。

这条购物街相当繁华,或者可以称之为"耶路撒冷的银座"。想买胶卷,走进了一家商店。这家商店大概是从德国回归耶路撒冷的犹太人经营的,店主亲切地接待了我,令人非常满意,感觉这是来西亚后第一次能够放心购物的地方。向店家打听去雅法门怎么走,两个伙计跑了出来,一直把我带到了路口。要给他们小费,他们连连摆手说不用,很有礼貌地跟我握了手后回店去了。仅就这一点而言,阿拉伯人就已经输给了犹太人。不过问题是犹太人也良莠不齐,既有文明到与世界任何地方相比都毫不逊色的犹太人,也有与世界任何地方都无法相提并论的下层犹太人。街上到处摆放着希伯来文的书籍,内容好像都与提倡锡安主义运动有关,不过想要对下层犹太人进行教化,其困难恐怕也出乎想象。犹太复国运动的敌人,与其说存在于外部,不如说其实来自内部的压力一定更大,更令人头疼。巴勒斯坦最终会走向哪里? 不管是把它交给阿拉伯人还是交给犹太人,无一不充满着重重的困难。难道只能永远处于英国的羁绊之下,满足于强权下的暂时和平吗? 也许正是因为处在英国的统治之下,阿拉伯人和犹太人的摩擦才会日趋激烈。看来在相当长的时期内,巴勒斯坦的命运不会由居住在这里的阿拉伯人和犹太人来决定,更多的会由外部世界的发展趋势来决定。

约 旦 河

我的房间在旅馆的二楼,窗口正对着广场上的停车场,那里停靠着大量的汽车。今天打算乘车从约旦河一直远行至死海,于是很罕见地产生了在广场上雇辆车的大胆想法。

走到一辆看起来最漂亮的汽车旁,问去死海要多少钱? 回答说一英镑。正要就此从旁边通过,走过来一个像是捐客的男子,说你要坐车出远门我可以出车。回答他说如果是一英镑的车我就不要了。对方便来了句那你打算出到多少钱? 估摸着先出一半,便说出了十菲尔斯。接着不知何时,我的周围已经聚起了很多人。掮客朝着那些司机模样的人，像是在问十菲尔斯有没有人愿意开到死海。随后又对我说没有人愿意去，你再加一点。当然，我也没有真的能够砍到十菲尔斯的自信，抱着最后定在十五菲尔斯的打算，首先说了十二菲尔斯，掮客听后大声报出十二菲尔斯的出价，随后人们就像聚集在交易所的股票投机商一样，周遭吵嚷了一遍。这次仍然没人愿意接下来，看起来还要再交涉一次。就在这时，从人群后面走出来一个顶天立地、面相威严的彪形大汉，向掮客嘀咕了些什么，掮客便对我说你上这个人的车吧。这男子体格实在太过庞大，我有些胆怯，但又不能说你人太壮自己不想去，正在犹豫时，大汉不等我答应便将我夹在腋下塞进了车内。我像被老鹰抓走的麻雀一样，手脚乱舞，但已经来不及了。众人大概是害怕这男子，以这么便宜的价格接下生意也没人敢提出异议，只是我自己愈发地难受了。

我责问掮客说："这男子一点儿英语也不懂，不是很麻烦么？"掮客说："不管跟谁去都没什么特别需要说明的地方，只要告诉你这里是约旦，这里是死海不就行了吗？我会跟他讲好的。"说完便马上往回走。事已至此，也不能因为这男子面相凶恶而逃脱，心想就随他便吧，破罐子破摔似的仰坐在了车上。只见这男子和刚才那掮客说了些什么，便张开了满是胡须的大嘴哈哈地笑了起来，愈发地骇人了。

其他司机都穿着西装，也有穿着马裤的，而只有这个男子是纯粹的游牧阿拉伯人打扮，穿着像日本的单衣一样的衣服，脚上

死海(原著第405页)

约旦河的浊流(原著第406页)

是草鞋，头上卷着缠头布。我一度担心这男子究竟会不会开车，不过车驶出后发现他的技术还相当不错。司机驾驶技术的好坏，车子开动的一瞬间便能凭直觉明白了。

仔细观察，这男子虽然面相恐怖，但人却很和蔼。看来是无聊了，不停地跟我搭话，当然我什么也听不懂。对方看起来也死心了，便独自唱起了歌。他唱的歌听起来像是日本盂兰盆歌会上的调子，兴致上来后还不时双手松开方向盘，拍着手打起了拍子。即使行驶在悬崖峭壁上还依然如故，着实让人替他捏一把汗。

这男子在路上又捡了一个客人。当然这次的乘客是阿拉伯人。这人正在赶路，被司机拦了下来，随后好像谈起了车钱，不过一直谈不拢。对方显得并不着急,不管到哪儿都可以慢悠悠地走。大概是看出车已经被人包了,不管收多少钱都全部是司机的赚头,因而看起来态度很坚决,似乎要砍到底一样。司机几次中断了交涉向前开,又停下来等对方追上来再继续谈,最终像是谈拢了,穿着肮脏衣服的阿拉伯人钻进了车。

汽车驶进了光秃秃的山谷,两侧全是红色的岩石,空气也变得闷热,让人透不过气来。不时有路标一样的牌子,上面写着此地位于海拔以下多少英尺,但汽车的速度太快,看不清上面的数字。不久来到了平地上,死海蔚蓝的水面呈现在眼前。海岸上白白的一层,应该是食盐的结晶。死海的岸边,零星分布着几十户人家,同车的阿拉伯人下车后,朝着住户那边走了。司机一边用手指摆出了个三,一边说道:"才三十分(Only thirty)。"大声地笑了起来。看来那人坐了这么久才付了三十分。据司机的比画和两三句英语,得知这里夏天是海滨浴场,但现在已经不能游泳了,远处的海水看起来蓝蓝的,但岸边却肮脏浑浊,我们所站的地方是死海的西北岸。

好不容易来到了死海边,但却没有什么特别要看的东西。乘车返回的途中,决定前往约旦的溪谷一看。沿途不时经过一些村庄,有阿拉伯士兵在站岗放哨。这个司机看起来在这一带很有面子,总是有人主动上来礼貌地招呼。不久,来到一个稍大的村子,道路的尽头有一座吊桥,桥下流淌的便是约旦河。

下了车来到桥上,只见桥下浊浪滔滔,冲刷着岸边垂下的杨柳树叶。水流如同日本梅雨后的洪水一样,饱含泥浆。基督莫非就是用这种水接受的洗礼?想到此处,不由得产生了幻灭般的悲哀。不过或许过去山上的树木茂盛,水也必定清澈。桥的对面,现在已经作为外约旦国独立了出去,因而不能过桥前往。约旦河的观光也仅止于此,别无他物可看。再次坐进汽车,沿着来时的路途返回。

一路上我都在思考眼前这个游牧民打扮的司机到底是什么来头。从这男子到处受到热情礼遇来看,似乎不会只是个司机。有没有可能是酋长之子什么的,因为血气方刚犯下错误而被父母逐出家门,沦落为了汽车司机。今后一旦风云际会,这男子会不会鸠集游牧民,做出什么惊天动地的大事来呢?正在梦呓想象之中,汽车驶过了耶路撒冷的北门前,平安回到了旅馆附近的大卫塔下的停车场,和这位让人心情愉快的司机紧紧握手后回到了旅馆。

埃 及 王 国

开 罗

十月二十号,乘坐早上九点从耶路撒冷开出的火车前往埃及。一路上,火车在只能勉强通行的峡谷中奔驰。即使在这样狭

窄的峡谷之中,阿拉伯人也在耕种着巴掌大的土地,从沙砾中筛
出细土栽种果树。游牧民似乎也逐渐习惯了定居生活。火车驶
出峡谷进入平地,在行驶的约三十分钟时间里,两侧满是郁郁葱
葱、枝叶繁茂的橄榄树园,这大概是犹太人移民奋斗的结晶吧。
据说橄榄结得太多,现在正为销路而发愁。好不容易才给了犹太
人一个祖国,但在这种无法自给自足的地方,商品如果没有销路,
人民的生活依然无法稳定,问题相当棘手。而那种要将全世界的
犹太人都集中到这片土地上来的想法,事实上只是无稽之谈。

　　车到卢达市一带,看到有繁茂的橘园。途径的每个车站,都
有人在兜售相当不错的橘子,都是欧洲很难看到的新鲜货。正午
稍过,火车经过海边,这才第一次看到了以前看着照片想象过的
那种美丽的沙漠。眼前好几块沙漠重重叠叠,地表像大象的背部
一样,纹理细腻,呈现出波浪的形状。到苏伊士运河边的坎塔拉
车站时,天色已晚。海关检查结束后,乘坐驳船渡过运河,进入了
埃及领土。再次乘上火车,到开罗已是深夜。车站前有介绍旅馆
的皮条客,给我看了好几张旅馆的名片,最后把我带到了一家名
叫"里兹"的旅店。之前从日本前往欧洲途中,曾在开罗住过一
晚,当时投宿的是法国式的旅店,①很中我的意。看到里兹旅店的
名片时我以为是上次住过的那一家,结果到了后一看才发现并不
是同一家。不过这家旅店的老板和法国本国人一模一样,是个爽

---

① 　原文为パンション,即法语 Pension,意为法国及欧洲其他一些国家的那种私人小旅店。

朗的人。作为短暂的投宿，这里还算是个不错的地方。

第二天早上，从库克旅行社取出了钱，前往公使馆致意。一开始以为公使馆在哈迪卡街，找过去才发现并非如此，原来是在塞拉姆里克公园。见到横山公使后，得知公使刚来赴任，家人都不在开罗。公使约我一起去吃午饭，便搭上公使的汽车，来到了一家巴黎饭馆（Petit Coin de Paris）。在欧洲，就算是到各地旅行，我也基本不到大使馆或公使馆去。曾经有一次糊里糊涂地前去造访，结果对方摆出了一张难看的脸，好像我是去借钱的一样。但是，在西亚或者很少有日本人的地方，遇到困难必须求得使馆的帮助，这时前去致意，会得到对方的真心帮助。在埃及逗留期间，横山公使对我的关照可不是一点半点。

下午，前往阿拉伯博物馆，不巧碰上馆休，于是顺道走进了博物馆北边的卡里尔汗市场区。狭窄的道路两侧，挤满了出售金银工艺品和古董的商店。看到两三本配有浓彩密画的写本，但价格太贵，实在出不了手。不远处是艾资哈尔清真寺，便走了进去。在埃及，哪怕是异教徒，只要购买门票就能进入清真寺，并且基本上有专人领着参观。伊拉克基本上是不允许异教徒进入的，叙利亚则随便进，而埃及的做法说不定是最聪明的。

艾资哈尔清真寺同时也是艾资哈尔大学。据说最古老的建筑是公元970年由法蒂玛王朝所建，988年在其中设立学院，可以说是当今世界上历史最悠久的大学。院子后面是用一百四十根大理石柱支撑起来的大厅，大厅各处都是学习的小组，各个小组中,盘腿而坐的学生们围绕着被称作"谢赫"的经师,聆听经师的讲解,看起来相当悠闲。据说从这里毕业需要十七年,正相当于日本从进小学到大学毕业所需要的年数。科目有语法、修辞、作诗、逻辑、数学、神学、历史、地理,包括文理两个方面,但总的来说理科方面还是很薄弱,但考虑到这

开罗艾资哈尔附近(原著第409页)

所大学的悠久历史,这也不足为怪。倒是中国的教育,彻头彻尾地偏重古典,相比之下,这里要进步得多了。出了艾资哈尔,前往穆尤德清真寺,庭院的中央有一座漂亮的喷泉亭,不过好像不出水。听说寺院的尖塔可以攀登,便上到了顶上,一路上满是垃圾,在这里筑巢的鹞子受到惊吓后拍打着翅膀飞了出去,脚下还躺着已经成为木乃伊的猫尸。

　　次日,步行东去。但不知何时便弄错了方向,朝北走去,来到了旧城墙东北角的哈基姆清真寺废墟。因为地震、火灾,寺院已经完全毁坏,只是广场的周围还保留着一些断垣残壁。让人觉得不可思议的是,门的石材之间嵌进了木材,看起来不可能是后来塞进去的,应该是建造当初就夹进了木材,这不由得让人担心木材腐烂后建筑会不会倒塌。不过在这种干燥的地方,木材也不太

会腐烂，或许跟石材一样耐用。眼前就有几百年前的木材原样不动地嵌在石块之间，也没见上方发生倾斜。一边坐在石长凳上小憩一边这么想着，又往阿拉伯博物馆，结果今天还是休息，大门紧闭。回到旅馆睡了午觉，第三天再去，这次终于开门了。

开罗有两座博物馆。位于尼罗河边上的大博物馆，主要收藏古埃及时期的文物，其中最著名的便是图坦卡门法老墓出土的遗物，而这座阿拉伯博物馆收藏的则是伊斯兰时代以来的文物，从东西文化交流史的角度来看，这一座更有意思。其中特别吸引我的是出土于今开罗市南郊的开罗故城，即福斯塔特的阿拉伯陶瓷器。令人满意的东西不多，依照盘、盆等器类排列，观察其上的纹样，很多是用十字线将器物内侧分为四等分进行装饰的东西。如果是中国的话，则多分为三等分或六等分。纺织品上的连续几何纹装饰也一样，西亚的东西一般采用四等分，中国则一般采用六等分。在这里陈列的陶瓷器中，还夹杂着一眼就能看出产自于中国的东西。其中，胎壁极薄的白地青花最多，基本上都是明代以后的东西。郑和下西洋后，南海的东西交通迅速发展，这些器物无疑是从万里之外的中国运来的。我觉得最好还能设计一个展览，让人一看就能明白中国的陶瓷技术是如何对埃及产生影响的，不过看起来现在的研究和分类都还没有发展到这一步。

博物馆的一角有小卖部，放着些小型陶壶及碗片等出土文物。买了两三种作为标本，但质地都很脆，既不能用作小花瓶，也无法用作水壶。

博物馆旁有基悉图书馆。据说在一万数千册阿拉伯语、波斯语、土耳其语的古写本中，有数千册对于学术界来说尤为珍贵。展室中，以又大又漂亮的《古兰经》写本为首，陈列着多种珍贵图书。玻璃柜中陈列着的是配有浓彩密画的波斯豪华写本以及《王记传奇》等书，色彩艳丽，仿佛是最近刚绘制的一样，让人实在不敢想象这是几百年前的东西。说不定当地的一些世家大族手中，这样的古写本依然存在，加以搜集的可能性并不是没有。想到就算只是这一类书籍的标本，日本的图书馆也不知何时才能陈列于一室，不由怅然良久。

由于在阿拉伯博物馆看到了不少开罗故城的出土文物，便择日前往开罗古城埋葬于其下的福斯塔特。到了福斯塔特一看，眼前就像抚顺煤矿的露天矿场一样，在数平方公里土地上，土沙被完全挖起，形成了一个巨大的坑，规模之大，首先让人大吃一惊。搞错了入口地点，从出口处走了进去，不一会儿就受到了守门人的盘问。按这里的规矩，付费入场后，可跟随带路人围绕大坑参观一圈，路线是指定好的。开罗故城从古埃及王朝时期直到市区移到今天的开罗市区为止，繁荣了相当长的时间，现在，随着不断地发掘，各个地层中的不同时代的城区遗址以及相关遗物逐渐被挖掘出来。挖出来的沙土堆成了小山，沿着这些"沙土山"，跟着带路人，俯瞰深坑底部的遗迹。环顾周围实在过于旷漠的沙土山，渐渐觉得无聊。一打听，原来连四分之一都还没走完，便心灰意懒，就此折返。从被我错当成入口处的出口出来前往电车站的途中,看到路上停着辆运货的马车,坐在车上的两个阿拉伯人见了我,朝我喊起了"小费、小费"。他们本来没有任何理由向我索要小费,而且看起来也不是真的非要拿到钱。他们的呼喊声听起来总觉得像是在叹息,也许是想起了以前什么时候曾经尝到的甜头,不知不觉便顺口喊了出来吧。如果不彻底克服这种奴隶根性,埃及的独立恐怕也是很困难的,可是要做到这一点,埃及政治上的独立或许又是先决条件。

同一天下午去参观了城堡(Citadel)。这个地方,我去年前往欧洲途中在开罗逗留期间曾经来过一次,不过现在记忆已经有些模糊,便再次前往。与各处一样,城堡这种建筑,就算现在什么也没有,那坚固、庄严的遗址也足以让我无限欣喜。也许没有纤细的美,也没有华丽的装饰,但却始终展现出它那专注于实用性的坚固和强壮,让人像看到军舰、坦克时一样感到踏实可靠。从萨拉丁广场迂回向北,爬上英国军营旁边的坡道,进入杰吉德门,眼前的广场据说就是现今埃及王朝的始祖穆罕默德·阿里将地方豪族马穆鲁克的酋长四百八十人诱骗来后全数杀死的地方。

开罗远眺(原著第 412 页)

穆罕默德·阿里是个孤儿,出生于当时还是土耳其领土的马其顿,来到埃及后成为雇佣兵队长,趁拿破仑远征后的混乱平定了埃及,又经这一击挫败了马穆鲁克的势力,确立起了不可动摇的霸权。

因天色已晚,只匆匆参观了城堡内的穆罕默德·阿里清真寺。据说建造这座清真寺时,曾将覆盖在金字塔表面的雪花石膏(Alabaster)剥下来用作建材。这种石材呈半透明状,带有玛瑙一样的条纹,极其珍贵,将之大量使用在这座比较新的建筑物上也是有理由的。记得上次来这里时,清真寺的守门人拿着应当是用从这里偷来的石材做的烟灰缸等物品向游客兜售,今天也许是太晚了,没看到卖东西的人影。清真寺的高塔已经荒废不堪,透过高塔的铁格子窗户远望开罗市区,景色颇为壮观。

出了城堡,看到耸立着的哈桑清真寺,不过天色已晚,便就此返回旅馆。忽然想起此前在公使馆曾听说过满月之夜的金字塔别有一番风味,今天虽然不是满月,却也产生了一睹金字塔夜景的愿望。因金字塔的方位已大体清楚,便坐上前往吉萨的电车。电车横穿罗达岛,越过阿拔斯桥,一路直前,最终停靠在了金字塔脚下的终点站。白天这里应该有成群的汽车和骆驼,晚上却连个人影也没有。沿着马路上坡,走到马路的尽头,又沿着沙砾小路前行了数百米,胡夫大金字塔泰山压顶似的耸立在眼前。穿过大金字塔与三座较小金字塔之间的通道,开始下坡,前方蹲着的黑黢黢的东西,便是斯芬克斯。隐藏着千古之谜的狮身人面像,虽被拿破仑的大炮打掉了鼻尖,仍伏下巨大的身躯注视着东方。如果是满月天,皎洁的月光照在这张脸上,确实应该是骇人的光景,而今天的月亮却迟迟不肯升起。来这里一趟不容易,但想到如果太晚赶不上末班车那可不得了,心中不安,只得死了欣赏月光下的斯芬克斯这条心,开始往回赶。此时不知为何突然有种毛骨悚然的感觉,莫非是沉睡在斯芬克斯脚下这片废墟中的亡灵们在作祟?快步前行,远处频频传来的狗叫声刺破了沙漠的寂静,声声入耳。到了车站,看到电灯发出的明亮光芒,终于松了口气。总而言之,金字塔夜游算是失败了。

第二天,为参观哈桑清真寺,再次来到城堡脚下。这座清真寺建于公元十四世纪中叶,相当于中国的元朝末期,也正是伊本·白图泰东方之旅的前后。西亚北非一带清真寺极多,而我最喜欢的就是这一座。坚固的石墙以及需要抬头仰望的回廊,气宇宏大,在全世界的石构建筑中恐怕也是首屈一指的。巴黎的友人曾经说过,与圣母院(Notre Dame)相比,这根本不值得一提。然而,凡事想法不同,评价也会大不一样。总的来说,我并不喜欢北欧式(Gothic)的建筑。单从建筑的技术上来看,北欧式教堂那种一尖到底的尖顶无法让我满意。所谓天圆地方,是建筑的原则,屋顶无论如何都必须有曲线。这样的曲线,日本和中国的是凹线,西方的石构造建筑则是凸线,两者均可。但北欧式的教堂只是在入口处和窗户使用曲线,最重要的天际线则是尖尖的直线。在清真寺建筑中,作为穹窿顶正殿的附属建筑,有着带有尖顶的尖塔(Minaret),而北欧式教堂则可以说是没有正殿只有尖塔的建筑。此外,北欧式教堂若是从后面来看,能看到支撑屋顶的支柱;

这就好像是剧场的后台完全暴露在外面,实在难看。更不对的是,在外墙上贴着或吊着圣徒的石像。人的像不管怎么说都还是应该安置在屋内的,不能扔在外面。从这一点来说,最近日本流行的将名人铜像暴露在风雨中的做法也很值得商榷。如果真要放置在露天的话,也应该像二重桥前的楠公①像一样,将其全身威风凛凛地武装起来,或者至少应该为他戴上帽子。

在清真寺的最里面靠近苏丹哈桑陵寝窗户的地方,能看到一面墙上有被拿破仑军队的大炮射击后留下的弹痕。数发炮弹打中了这面墙,但坚固的石墙只是在被打中的地方凹了些下去,而墙体纹丝不动。带路人一边这样说着,一边很自豪地指给我看。只是这并非神的保佑,而应归功于从叙利亚带来的技师们的精良技术。西亚的没落,正是从把一切都归功于神灵的恩赐而怠于学问和技术开始的。

回旅馆暂歇后再次出发,去参观东郊的苏丹墓。一直向东走到沙拉瓦尼大街的尽头,有一座名叫风车山的小山丘。这应该是以前的建筑垃圾场,走出山丘间开出的小路,前面有阿拉伯人居住的小村庄,苏丹等人陵寝上的穹窿顶呈现在眼前,数量颇多。其中奎特·贝的陵寝最有名。走上不高的石阶后是富丽堂皇的大门,右边立着三层尖塔,最里面是墓室,美丽的穹隆顶装饰上虽然满是尘埃,但足以让人追忆其往日的精美。

---

① 指日本镰仓幕府末期至南北朝初期的武将楠木正成(1294?—1336),二重桥位于东京皇宫的正门前。

返回时想登高远望,于是爬上了风车山。但此时吸引我的不是市区和村落的远景,而是散落在脚下的陶器碎片。之前在摩苏尔等地为收集西亚的陶瓷标本,我像捡破烂一样东寻西找,不想这座小山丘上竟然到处都是。开罗故城福斯塔特的发掘现场确实也有大量的陶瓷器,不过那里严禁采集,毫无办法。而这里则是别有洞天,什么禁令也没有。也难怪,这座小山似乎是市内因火灾等原因房屋被毁后运过来的建筑垃圾形成的,本来就是垃圾场。在日本,垃圾场大多选在地势低洼处,但在以土石为主要建筑材料的国家,扔掉的是墙壁的泥灰土沙,因此垃圾也会越堆越高。垃圾场上有各种各样的陶瓷碎片,时代较晚的像是当代欧洲的产品,偶尔还发现有当代日本生产的瓷碗。时代早的就弄不太清楚了,有绿釉器,也有三彩器,最后还找到了能够确认是中国明代的东西,种类实在太多。走到丘顶,细小的沙土经风吹雨打而流失,露出了很小的闪光的东西。这些东西像是铅玻璃制品,常常用来制作妇女儿童的手镯一类的工艺品。这种铅玻璃饰件很像日本的饴糖棒,在饴糖中掺进美丽的色彩,然后将之捻成细绳状或半圆柱形,半透明的,而且很脆,用手触摸也绝不会划伤皮肤。此外,还找到了同样性质的铅玻璃珠,类似念珠上的珠子。古埃及王朝时期的墓葬中也大量出土这类精美的文物,现在多被陈列在博物馆中。自己找到的虽然无法与之媲美,但因为找到了日本没见过的标本,便高兴得只顾采集,忘了时间。没有什么东西可以用来盛装,便把身上所带的手帕全部拿了出来,打了好几个小包。

　　因为有了这样的大发现,此后只要有空便到风车山上去采集陶瓷片。有一天,尽管横山公使与我有午餐之约,但因为那一天大丰收,既收获了铅玻璃珠,又找到了"大明成化年制"款的青花碗片,恋恋不忍离去,结果迟到了很长时间。之前我一向都是坐电车,但当时正好有辆出租车经过,便跳了上去。结果这是辆破车,速度很慢。更糟糕的是路上经过了火车站,尽管让司机从北边绕过去,但不知他听懂了还是没听懂,嘴上说着是,走的却还

青花碗碎片(原著第 415 页)

是南边,正好赶上有火车通过,在平交道口等了约二十分钟。车到公使官邸,手也没洗便冲了进去。这时一个我认识的守门人走了出来,来了句"是您啊,大教授(Oui, Monsieur. professeur)",又告诉我"公使(son Excellence)等不及,已经先行出门了",说着把我带到了附近的公使馆。个子很高的斋藤书记官也在,一起鉴赏了风车山的收获。当被问到"这种碎片有什么用"时,便嘴硬地回答说:"碎片能够看到里面的胎质,观察起来更加方便。"玻璃珠子获得了好评,横山公使说:"我也想带上个留学生去捡一些。"不过让帝国的全权公使去学着捡破烂,这实在是说不过去,这一条便

被我劝阻了。说到行李太多,不知如何是好时,公使说既然如此,我帮你直接送回日本吧,这让我大为安心。其后又去采集了好几次,结果弄了一大堆,装满了两大筐。因为有公使的好意,可以将行李从这里直接送回日本,便更起了贪心,想接着把留声机的唱片也一起买下来。此前在阿勒颇到摩苏尔的车中,见唱"君之代"的阿拉伯女孩那么珍惜唱片,便计划到贝鲁特后一定要买一批。不过到贝鲁特后一打听才知道,埃及才是唱片的主要产地,便一直忍到了现在。

跟随公使馆的深见馆员来到一家很大的乐器店,想要买唱片,却不知道该买什么样的好。一开始让店里的人一次播放两三张供我挑选,不过一会儿耳朵就不管用了,以至店员给我放"听起来不是很愉快吗"的音乐时,不知为什么我听起来却觉得很悲伤。听也听不懂,看也看不懂,觉得不如干脆看着买。于是要来商品清单,从不同的类别中胡乱挑了一些,一共买了三十一张。只有星期五人们做礼拜时诵读的祷文唱片是我特别想要买的,但在伊斯兰教被定为埃及国教后,诵读《古兰经》的唱片,就连以前制作的东西好像也被禁止销售了。据说在贝鲁特就可以买到,这让我感到非常遗憾。

卢 克 索

尼罗河的中游的卢克索附近,因为保留着很多埃及中王朝时期的大型遗址而闻名,决意前去参观。事先往火车站购买车票,看到一处写着"问讯处"(Information)的地方,便走了进去。一位留着漂亮的胡子、像是小学校长一样的主任出来用法语接待了我。对方说会在明天下午之前准备好连同住宿一起的套餐车票,于是郑重地拜托后离开车站。可是第二天去了以后,窗口说票还没有准备好,留着胡子的主任说马上就办,对伙计仔细叮嘱了些什么便把他派了出去,等了好长时间伙计才回来。最后虽然总算拿到了票,但又是往卢克索打长途电话,又是手续费,又是跑腿伙计的小费,等等,强行索要了这个费那个费。一看车票,竟然还不是火车站发行,而是库克旅行社发行的。库克旅行社就在旅馆的附近,我也曾经去取过一两次钱。看来在埃及,对于会讲外语的男人,就算是留着八字胡,也不可掉以轻心。

沿着大路散步时,有阿拉伯人嬉皮笑脸地来搭话,这种人基本上都是导游。其中有些人一开始会装作打听时间,问一下"现在几点了"什么的,一副若无其事的样子,聊得投机了,再说出想为你做导游的本意,如若不应,则一直纠缠不休。这情景如同姜太公钓鱼的场面,周文王说了句"能钓到吗",便凑了过来。① 在竞争激烈的生存环境下,各种战术层出不穷。

十月二十五日晚七点五十分,坐上了从开罗开往卢克索的火车。埃及的国土,在地图上看大致呈四角形,但只有尼罗河两岸

---

① 此为日本江户时代的诙谐短诗。

卢克索附近微风轻拂的尼罗河
（原著第 418 页）

有人居住，因此，这个国家实际上是像一根衣带一样，又细又长，将之比喻为鳗鱼的睡铺，似乎更加贴切。铁路就沿着尼罗河贯穿南北，因此，只要把铁路沿线看一遍，基本上就相当于看遍了埃及。尼罗河在世界地图上看是笔直的，但坐着火车沿岸观看，就会发现其实是条弯曲得很厉害的河。在夜间完全分不出东西南北来，天亮后，阳光照进了车厢，这时就能切身感觉到方向的变化了。

乞丐大学者

早上到达卢克索，先在旅馆吃了早饭。请旅馆的人帮助安排驴子后，便先去参观卡纳克神庙。带着一个能说些英语单词的马夫，沿着灌溉用的水渠，在红土路上笃笃地向前走，一派悠闲祥和。在快到卡纳克的小村庄时，追上了一个老人。马夫告诉我，这位老人曾经在法国考古学会修缮、复原卡纳克神庙时帮过忙，是这一带的头号大学者，还说参观神殿时这位老人一定会给我讲解。我在心中暗自庆幸，觉得真是遇上了好人。到达神殿的入口处，正对着高大的石门看得入神，那位老人便赶了上来。因为对方是大学者，于是便大表了一番敬意，非常有礼貌地跟他打了招呼。老人在前，一个劲儿地往门里走，我紧随其后，神庙的守门人也郑重地跟这位老人打了招呼。

这组巨大的建筑群供奉着阿蒙、蒙图和穆特等神，从埃及第十二王朝时开始逐代扩建，以后渐成规模，其中阿蒙神殿排列整齐的巨石柱以及蒙图神殿外的斯芬克斯群像尤为著名。来回观看神庙壁上埃及国王引见叙利亚俘虏等浮雕时，突然觉得正在解说的这位大学者老人说的法语非常刺耳，实在是粗鄙难耐。听了一阵，发现他并没有什么精深的知识，跟奈良的人力车夫没什么两样，只是把解说词囫囵吞枣地背下来而已。问他稍微深入一些的问题，他就会前言不搭后语。我慢慢厌烦了这老人的讲解，不愿再听下去，只想一个人静静地欣赏这雄伟的景色，可老人却全然不顾，像是肩负重任一样，喋喋不休地背诵着他的解说词。

从神殿的一侧顺着台阶来到巨石柱的上方，把相机递给老人，想请他帮我拍一张留影。结果这老人扭扭捏捏地拿过相机，死命地朝取景框里看，这时我才注意到，他的眼睛很脏，全是眼屎。不但擅自拨动好不容易才对好的焦距，在按快门时还像舞狮一样把相机往底下摆动，实在让人看不下去。我愈发断定这老人是一个职业导游。

走完了一遍后，在出口处我摸出了一块钱的银币递了过去，老人接过后还不肯把手缩回去,意思是说不够,我也明白他的意思,于是指着立在门旁的牌子说"导游费八十分,剩下的是小费",他便回了句"那是普通导游,我不一样"。"你若不是导游,那就更不应该要导游费了",我驳斥了他一句,骑上驴子便走。结果这老人一路追了过来,这回又变得像乞丐一样哀求起来。见我不听,便拿出刚才接过去的银币,缠着我说:"刚才的是假钱,给我换。""就算是假钱,你已经收了下来,责任不在我。"我也曾在中国修炼过多次,没那么容易上当。老人随即又换了副嘴脸说:"这钱有什么用啊? 什么用也没有,扔了吧,扔了吧。"虽然装出扔钱的架势,但却一直把钱紧紧地捏在手里。我催赶驴子,加快步伐,好不容易才把那老人甩到了后面。正午时分回到了旅馆。

下午,前往就在旅馆附近的卢克索神殿参观。刚到神殿前,就看到上午的那个老人已经等候在门口了。此时的他仿佛已将之前的事忘得一干二净,若无其事地问:"需要我为您导游吗?"回答说"不要"。他又说道:"导游费只要五十分。""不管多少钱都不要。"说完便从旁边走了过去。他纠缠着,并哀求地说:"老爷,求您让我为您导游吧,老爷! 老爷!"此刻再次仔细地观察了他一下,只见这老头儿穿着脏兮兮的衣服,眼睛溃烂发红,是人世间无比凄惨且衰弱无力的老乞丐。看起来如果不是陪着游客,导游是不能进入门内的,我一个人走进神殿后,这老人便非常沮丧地回去了。

卢克索神殿是供奉阿蒙神、阿蒙神的妻子穆特神以及他们的儿子孔斯神的，主要建于埃及新王朝英主拉美西斯二世时期，距今已有三千二三百年。穿过几个有着巨柱厚墙的厅堂后，来到被称作拉美西斯宫的大厅。大厅的形状并非方形，而是稍稍歪斜，接近菱形，为什么建成这种形状，谁也弄不清。东南角上安置着用巨大红色花岗岩雕成的拉美西斯二世像。石座上刻着拉美西斯二世的印玺，据说正是这个印玺，证明了这尊雕像是拉美西斯二世。

出了神殿，沿尼罗河散步。时值黄昏，微风四起。尼罗河的彼岸，日落西山，晚霞满天。此景此情，令人心旷神怡。

马夫的小九九

次日，参观尼罗河对岸的底比斯。虽然可以坐汽车去，但想想埃及故都最适于骑驴周游，便带上前一天的马夫，一早就出了旅馆。乘船渡过尼罗河，眼前是茂盛的甘蔗园，蔗园中沿水渠有一条笔直的道路，顺着这条道路往山边行进，山脚下有卡尔纳神殿。对于我这双已经看惯了大家伙的眼睛而言，再次遇见巨大的神殿，已经没有什么好吃惊的了，仰望着像一个个石臼堆起来似的结实粗壮的列柱，只是感叹其笨拙而已。

随后沿着山路往上，进入被称为"帝王谷"的峡谷。这里埋葬着埃及中王朝的历代君主，各国的探险队都曾进驻于此，争着去寻找被精心掩藏起来的墓地，惊醒了在地下享受了数千年安眠的国王们的美梦,而众所周知的大发现,就是最近英国卡纳冯勋爵最终完成发掘的图坦卡门法老墓。墓中豪华的随葬品和木乃伊,现已被陈列于开罗博物馆中,但关于这次发掘,也有一些奇怪的传闻。策划这次发掘的卡纳冯勋爵在该墓发掘完毕后不久,因为抓挠被蚊子叮咬的肿块,引起严重的中毒症而立即毙命;卡纳冯的内弟、第一个进入墓室的默文·赫伯特以及撬开法老棺柩的理查德·贝瑟尔不久也死去了;两名被请去对法老木乃伊做 X 光检查的学者,在到达埃及之前就突然死在了船上,等等。还有传闻说,墓葬的入口处写着这样恐怖的咒文:"伟大的王者长眠于此处,谁若扰乱此墓的安宁,天罚将即刻降临其身。"不过据发掘时在场的美国大都会美术馆馆长赫伯特·温洛克所说,上述诸人的死因并无可疑之处,而墓葬入口处也没有什么咒文,并且现场指挥发掘的霍华德·卡特现在依然健在,各种传闻都是无稽之谈。且不管这些,我们去时很不走运,图坦卡门法老墓被关闭了,无法入内参观。看了两三座据说是仅次于图坦卡门墓的墓葬,它们的形制基本相同,都是在坚硬的岩石上开凿长长的墓道通往地下,几十米长的墓道尽头是墓室。墓道的雕刻和绘画颇为精美,其中塞提一世墓的墓道装饰最为出色。不时可以看到有不懂事的观光客剥取墓道雕刻留下来的伤痕。在欧洲,能搞出这种恶作剧来的铁定是美国人,在埃及,打听之下果然也是如此。

越过一座山岭后,向下可以看见海神(Deir el-Bahri)神殿。因为觉得驴子太可怜了,遇上陡坡时便从驴背上下来步行。驴子很可怜,而马夫却很混账。这马夫昨天刚骗了我说那做导游的老乞丐是大学者,今天又把两瓶汽水和一些冰块包在布巾里提在手上,像是要向我兜售似的。我从旅馆带了盒饭,不知里面放了些什么样的东西,装在一个很大的盒子里,不方便绑在鞍上,骑驴时只能捧在手上,这马夫也不说帮我拿一拿,一副视而不见的样子。相反,他却郑重其事地抱着那些汽水,我根本就没讲过自己需要那些东西。每次休息时,这马夫都劝我说喝吧喝吧,而我则以胃不好为由一再拒绝,就是不喝。与汽水瓶裹在一起的冰块已经全都化掉了,不知道他最后会拿这汽水怎么办,我怀着极大的兴趣关注着汽水的命运。在山岭的高处,马夫再次把汽水瓶递了过来,说是不要钱了,你就喝吧,但我还是拒绝了。马夫很心疼地打开了瓶盖,递到我的跟前劝我喝,再次遭拒后,他无奈地把汽水瓶口对准了自己的嘴,看似非常好喝的样子,"咕嘟"一声便一饮而尽。对马夫来说,这恐怕是他一生中最大的挥霍吧!

下了山岭,来到了海神神殿。这座神殿巧妙地利用了山坡,沿坡修建台阶,成功地塑造出了神殿郁尔层构的庄严。这座神殿也与其他神殿一样,与进入内部参观相比,在外眺望更为精美。马夫说这附近发现了一些地方酋长(Sheik)的墓葬,让我一定去看看。因为不在观光线路之内,我还得另付费用,另付的费用好像会在守门人和马夫之间按一定的比例分配。参观了其中的六十九号墓和五十二号墓,墓葬的构造与法老墓完全相同,只是规模较小,内容也不丰富。附近有家旅馆的办事处,进去后打开了带来的盒饭，里面除了面包、火腿外，甚至还配有炸肉排和蔬菜色拉。看来对于不知饭团为何物的西洋人来说，就算是在这样的沙漠中，如果没有这样的盒饭，他们是不会满意的。

吃完午饭后出来，前往迈迪奈特哈布①参观。这里有两组建筑，分别是拉美西斯三世的神庙和宫殿。这里的建筑比之前看过的任何一处都更加富于变化，更为有趣。宫殿虽小，但可以上到二楼，窗外的景色非常漂亮。建筑中的石柱也非常优美，与希腊建筑相比，也不觉得逊色，门上装饰的金鸥也非常精美。

附近有据说是两年前发现的酋长一号墓，也非常值得一看。今天的参观日程到此基本结束，沿着曾经是尼罗河支流的河床，踏上了归途。骑在驴背上，发现河滩上石块的形状都很奇特，圆而平的石块上，平面像是被环形的烙铁烫过一样凹了下去，剖面应该呈茧形或哑铃形。如果把石块的中部弄平整，说不定可以用做砚台，因而捡了两三个放进了口袋。不过后来仔细一看，发现这些石块是由软层和硬层从中心向外交叠形成，在河底经水流的冲刷磨损，软的部分便深深地陷了下去，呈现出环状的凹槽。硬的部分像燧石一样坚硬，软的部分则很粗糙，根本无法用来做砚台。

原野的中央矗立着一对巨大的石像（Colossi），看起来比奈良的大佛还要大一些。据旅游手册上的介绍，石像不算下面的石基

---

① 英文名 Medinet Habu，又译为哈布城。

座,仅身高就有15.95米,是门农法老及其母后的像。另外还应该有一座王后的像,不过站在远处看不清楚。这时马夫又拿出了那瓶剩下的汽水,不停地劝我喝,我仍和此前一样,坚持拒绝,马夫终于断了念想,心疼似地把它喝完了。之后,马夫便一路不停地问今天的费用一共是多少。我告诉他已经向旅馆付了两英镑。马夫便说自己只能从旅馆那儿拿到十分之一,并发牢骚说连驴子也是旅馆的,旅馆的老板是个贪得无厌的男人,就算有客人来观光,赚的钱也都被他拿去了,作为马夫,只能从他那里分到一点点,我也突然可怜起这个马夫来。在尼罗河的渡口,跟马夫及驴子分手,上船前稍稍掏了些钱给他,算作小费,让他回去。虽然没有喝他的汽水,不过把各种各样的费用加在一起,今天马夫的小九九算起来绝不至于落得太坏。

傍晚,在旅馆的院子里乘凉时,那马夫像是有正经事一样走了过来,说:"老爷,请您付给我汽水钱。"我回了他一句:"你的汽水我可一口都没喝啊。"他看起来已经没有其他花招,说了声"All right"便出去了。说来话长的汽水的故事,到此终于落下了帷幕。深夜时分,乘上

巨石像远眺(原著第424页)

火车离开卢克索踏上归途。在马格格哈附近迎来了朝阳,埃尔瓦斯塔附近清晨水乡的景色令人叫绝。10月28号上午,回到了开罗。夜车旅行,令人疲劳万分。

参观了卢克索的古迹以后,我对埃及古代的历史文化大感兴趣,便再次前往尼罗河畔的埃及博物馆,仔细观看了图坦卡门法老墓的出土品等文物。数千年前的这些装饰品和日用器具,尽善至美,不管看上多少次都不会觉得厌烦。直到11月1号,时间都花在了参观之前看落下的清真寺,尤其是到风车山去采集陶瓷片等上面。把两大件行李和一箱唱片托付给了公使馆,便出发前往亚历山大。

亚 历 山 大 港

从开罗出发时又碰上了不愉快的事情。把随身携带的东西装上马车,在前往火车站的路上,有为旅馆揽客的捐客看到我,向我搭话,并钻进了马车,这还算好,上了火车坐进包厢后,这捐客竟然过来,要我把刚才的马车钱给他。对他说马车钱我自己已经付过了,他竟说他也付了,至于你有没有付与他无关。我说我自己雇车自己付钱,和你没关系,便不再理他。结果他叫着喊着说"我吃不上饭了,我吃不上饭了",吵吵嚷嚷地又是哭又是闹,实在让人看不下去。幸亏捐客看起来进不了包厢,只能抓着窗户胡乱叫唤。乘客渐渐多了起来,好不容易演的戏也不知道演给谁看了，一会儿便摆出一副若无其事的神态走开了。

在火车上，谁也不来搭话，我也不去跟别人搭话，一路沉默。如果是在德国，肯定会有半是好奇半是好心的人主动前来帮这帮那，但在埃及，直到最后都没有一个人在火车上跟我搭话。可能是因为这个国家到处都是像刚才的掮客那样的人，大家都唯恐避之不及，互相防备吧。到了亚历山大，车站混杂的人群中有个人问我要去哪儿。一看是个留着胡子、仪表不凡的人，便向他打听凡纳尔旅馆在哪儿，结果这个人也是为旅馆揽客的。因为我正打算先赶紧到领事馆去一趟，便把行李托付给了这个人，让他送到旅馆去，自己则一个人先去领事馆拜访。横山公使介绍的那位领事正巧不在，不过从馆员那里拿到了留给我的三封信，然后便离开了。

想在地图上找到旅馆所在的法兰西广场，但没有找到。不过海滨大道上有看似风景不错的绿化区，推测大概就在这一带，于是沿着海滨大道慢悠悠地散步前行，最后果然找到了旅馆。广场的对面竖着大大的广告牌，是朝日啤酒的广告，看来日本的商品已经克服了千山万水大量地涌了进来，这让我大受鼓舞。这座凡纳尔旅馆是开罗的旅馆介绍的，但好像对我并不是特别热情，这让我明白了一点，旅馆给旅馆写的介绍信，其实什么用也没有，反而会限制自己的出行，有百害而无一利。而当我明白过来时，旅行也快要结束了。

第二天出门参观亚历山大港。虽说是参观，但我想去的地方也只有博物馆之类的地方，而且对于我这双已经看过开罗博物馆的眼睛来说，并没有什么很珍奇的东西。或许本来是有的，只是对我这个门外汉来说，不管什么看起来都差不多。相比之下，更惹我注意的是，各个房间里都挂着一块写着"严禁给予守门人小费"的牌子，像禁止通行的告示牌一样，可以想见，给这里的守门人付小费是迄今为止的惯例。其后，还果然有守门人纠缠不休地跟在后面，喋喋不休地说些无聊的讲解词。其实在哪里都一样，导游呀讲解什么的，如果能回答自己提出的一些问题，那还是一件好事，但如果不顾游客的需要，只是把游客强行拉着跟他走，并讲些游客不想听的解说词，那么就弄不清到底谁是主角了。像是对方的仆从一样，被拖着在各处转来转去，实在是扫兴。这种心情下听到的讲解，如果不是什么非常特殊的内容，大家事后很快就会忘掉，留下的只有对导游的印象。

门票是三张一套的联票，博物馆之后是庞贝柱，庞贝柱之后是地下墓穴（Catacomb）。庞贝柱位于一座稍高的小山丘上，据说这其实是古埃及的建筑，是奉罗马皇帝狄奥多西的命令迁移到这个地方来的。庞贝柱为红色花岗岩所造，直径 2.3 米，高 26.85 米，制作颇为精美。中世纪时的人们都相信其下即为庞贝墓，但实际上与庞贝似乎没有任何关系，我倒觉得石柱可能与离这儿不远的地下墓穴有着什么关联。

地下墓穴同样是在稍高的山丘上凿石而成，在我迄今为止见过的西亚类似的墓葬中，这一座最为精美。但是，无论如何对这样的暗室我都没有好感。在欧洲，看到热那亚墓地那过于明亮的宏伟建筑以及过于奢华的纪念像，也让我很是反感。仔细想来，参观墓地本身说不定就是一种错误的选择，我还是觉得日本那长满青苔的石塔最为平静、娴雅。

除此以外，亚历山大并没有什么值得参观的东西，于是回到旅馆准备启程。出发前，旅馆老板和捎客再次合伙，以海关手续费、医生出具健康证明书费等各种名目，狠狠地敲了一把，实际上这些东西根本就用不着。在这一点上，我感觉到在自己走过的这么多地方中，埃及的导游服务行业最为恶劣，恐怕这也是有理由的。埃及一方面有着世界上最古老的文明，但另一方面，在其历史发展的过程中又是不断地遭遇他族的征服。亚历山大大帝入侵以来，先后被希腊人征服，被土耳其人征服，最后被英国人征服，直至今日。而且还有一个不能忽视的事实，那就是谁征服了埃及，谁便可以成为世界的霸主。这个世界会不会最终迎来一个新的时代，作为征兆之一，我饶有兴趣地关注着埃及的将来。

夕阳西斜时，我乘坐的罗马尼亚蒸汽船在亚历山大港的东码头解开了缆绳，静静地驶入了地中海。我站在甲板上，望着市内稀稀落落的灯火，怀着迟来的深深感慨，惜别渐渐远去的亚历山大港，更加惜别克服重重困难一路走过的西亚各国。

第二部 西亚历史概述

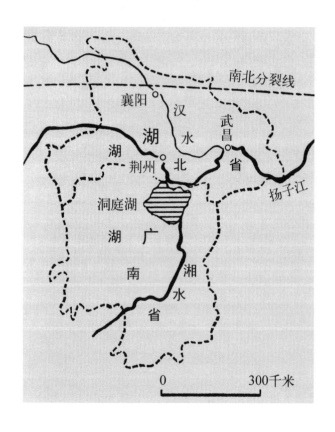

南北分裂线

襄阳 汉水 武昌

湖 湖北 省

荆州

洞庭湖

湖 广

南 湘水

省

扬子江

0 300千米

　　湖广之形胜，在武昌乎？在襄阳乎？亦在荆州乎？曰：
"以天下言之，则重在襄阳；以东南言之，则重在武昌；以湖广
言之，则重在荆州。"

——顾祖禹《读史方舆纪要》

　　贯穿埃及、叙利亚及美索不达米亚之一线，谓之新月形肥
沃地带。以西亚史言之，则美索不达米亚最为重地；以地中海
史言之，则埃及最当紧要；而若以世界史之重言之，则不可不
以叙利亚为首屈一指。

——以上为笔者的自由翻译

一　序

　　最近，尽管频频有期盼构建所谓世界史的声音，但在思考世
界史的体系时，抽象性的、观念性的思考另当别论，而想要通过实
证性的手法加以思考时，便会遭遇到技术上难以克服的困难。理
由尽管有多种多样，但我认为一个主要的原因，是现在的历史学
被截然分成了东洋史和西洋史两个部分。

　　过去，对于西洋人来说，只要以欧洲历史为中心，再加上一些
亚洲史，便可称之为世界史了。可是这种做法让我们东洋人感到

不满,因此明治以后,日本学者便率先以中国史料为基础,构建出了所谓的东洋史。然而就算把这两种起源不同的历史合在一起,也还是构建不了世界史,正如把三府四十三县的地方史都凑在一起也构建不了日本史一样。如果只是将东洋史和西洋史简单地拼凑到一起,而不进一步从更高的角度来对其进行概括统一的话,世界史是无法诞生的。

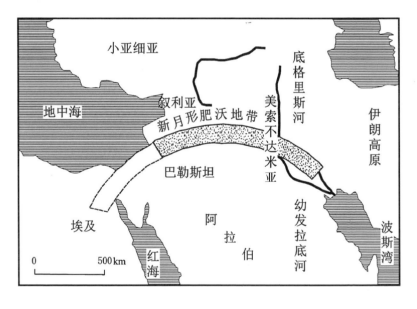

虽说构建世界史必须要站在更高的高度上将两者加以统合,但实际操作后便会发现,这毕竟不是一朝一夕能够完成的事业。有一些内容,虽然对东洋史来说无疑是很重要的事实,但如果从更高的角度来看,说不定出乎意料地并没有什么重要的意义。同

样,有些世界史上非常重要、必须解明的内容,在当今的东洋史学中却意外地被等闲视之,而必须从研究细碎的史实这种基础性的工作着手。恐怕在西洋史方面情况也是一样的。

而更让人头疼的是,东洋史主要以亚洲的东半部为研究对象,西洋史的研究范围又往往仅限于欧洲,两者之间存在着巨大的间隙。当然,东、西洋之间的历史,也就是西亚地区的历史,历来并非完全被弃而不顾。通常,西洋史的叙述最初都从古代东方各国讲起,一直叙述到波斯帝国的建立。不过,由于西洋史本来就是欧洲的历史,因此,波斯帝国以后的历史舞台,其中心便一下子转移到了希腊、罗马。其后,历史舞台上即使出现了帕提亚王国、中世纪的波斯帝国以及阿拉伯帝国,对欧洲史来说,也只是在必要时才触及而已。东洋史也一样。虽然在东亚民族的势力向西发展之际,如张骞通西域、蒙古帝国西扩等,西亚历史会成为研究的对象,但这些都还只是出于解说东亚历史时的必要性,终究只是对某些历史片段的追求。

最近,有人开始提倡伊斯兰文化圈研究的必要性。所谓的伊斯兰文化圈,大致相当于迄今为止被东洋史研究和西洋史研究等闲视之的西亚地区。西亚地区的历史,能够在新的意义上逐渐受到重视,实在是一件令人高兴的事。然而,西亚历史的研究,又是西洋人开了先河,并已取得了优秀的成果,而日本方面的研究则起步很晚,因此,要想赶上西洋人,还需要相当长的时间,其间,就算不情愿,我们也无法绕开西洋人的既有成果。然而,大多数西洋人对东方民族和文化都带有难以消除的白人式的、基督教式的偏见,这种偏见可以说是与生俱来的,因此,在价值判断标准上,他们甚至会屡屡犯下严重的错误。尽管也有一些非常优秀和论事公平的学者,但大声不入俚耳,他们的观点,在欧洲却每每被当做奇谈怪论而遭到埋没,因而难以扭转研究的发展趋势。

日本的西亚研究可以说是刚刚起步,在研究的一开始,切不可走错第一步。要抛开一切偏见,事实就是事实,根据事实作出价值判断,这才是日本学问必须要有的特色和骄傲。学问体系,既应该是在研究的最后确立起来的东西,同时也应该是在研究的一开始就加以计划的东西。学术研究的展开,要在构建起来的大框架下对细节展开研究,然后在细节研究的基础上对体系进行修正,这样的过程必须无限重复下去。在这个意义上,我接下来将要叙述的西亚史概况,也不过是一个试行方案而已,只是迄今为止从读过的资料中获得的一些感受,还需要经过以后严密的论证和不断的修正。这是因为我的专业不管怎么说都还是东洋史学,并没有读过多少与西亚有关的书,之所以这么做,只是想让大家知道,我曾经是在这个问题上最为严肃地苦恼过的人之一。

司马迁在撰述《史记》时特地立了一篇《大宛列传》,向汉人介绍了中国以外的世界;希罗多德也曾想要借助其《历史》一书,将希腊人的视野扩展到希腊以外;水户的《大日本史》,也没有忘记在最后附上《诸蕃传》。所谓历史,在叙述历史之外,还担负着扩展国民的视野、防止陷入独善固陋的重任。不管是日本史、东洋史还是西洋史,本来都不应该是地域范围上的区别,而仅仅是重点不同的世界史。说起来,在圆形的地球上发生的历史会有边界,这种想法本身就令人生疑。事实上,历史本身并没有边界,只是研究室和研究室之间存在着坚固厚实的混凝土隔墙而已。我在这里概述西亚历史,并不是想要在东洋史和西洋史之间再筑起一堵多余的墙来,而是期盼着能够打穿东洋史和西洋史之间不知何时形成的壁垒,为其设置一个大大的通风口,就算原有的建筑上出现了裂缝,甚至是垮塌了也没什么关系。只有在此之上,才能克服妨碍构建世界史体系的技术难关。

二　叙利亚在古代东方各国历史上的地位

在古代东方各国的历史中,作为最古老的文明起源地,一般会首推埃及和美索不达米亚。至于兴盛于尼罗河三角洲的埃及文明,与诞生于底格里斯和幼发拉底河河口、波斯湾沿岸的苏美尔各城邦国家文明哪个更为古老,我们还没有发现确切的证据。只是根据我们所知,在美索不达米亚地区,苏美尔各城邦国家,因迦勒底的出现被统一到了一个帝国之中;而在埃及,似乎从悠久的古代开始就已经出现了一个以开罗周边为中心的帝国。

在大多数情况下,建立起强大的中央集权并统治着广大领土的帝国,似乎并不是从统治领域狭小的城邦国家自然发展而来的。相反,帝国的出现,多数情况下起因于游牧民族或尚未完全摆脱游牧性质的农耕民族对文明地区的入侵。这样的民族凭借武力侵入文明发达、有众多城邦国家繁荣对峙的地区,在吸收文明的同时,保持着征服者原有的勇武和团结,建立政权,进一步扩张领土,帝国随之诞生。虽然埃及古王朝的起源不是很清楚,但迦勒底帝国①以及亚述帝国的诞生,确实都是在上述情况下实现的。

然而,就算是在帝国日渐隆盛的时期,也还长期存在着具有地方分权性质的、城邦国家式的地区,这便是叙利亚地区。不过,这里所说的叙利亚地区,不仅指现在的叙利亚、黎巴嫩一带,有时还要稍稍往南,把腓尼基、巴勒斯坦一带包含在内。这里需要特别强调的是,叙利亚这片土地,除极为特殊的情况之外,在政治上从来都没有做过庞大帝国的中心,但在经济、文化上却有着非常重要的意义,占有特殊的地位。以至于在某种意义上甚至可以说,古代东方各国的历史,是围绕着叙利亚这根轴运转的。

如果想要知道叙利亚在古代东方各国历史上的地位,只需比较地中海周边的地图与我国濑户内海的地图,便可一目了然。如果将最西的直布罗陀这个地点重合在下关上,叙利亚便恰好位于大阪平原。大阪在日本历史上除仁德天皇时期以外,从未成为政治中心,因而其重要性很容易被忽视,但大阪在国内的东西交通

① 即古巴比伦王国。

上所具有的地位重要,则是绝大无比的。从大阪出发,向东经奈良可以通往名古屋和伊势,向北经京都可通往山阴、北陆,西临濑户内海,向南则可至纪伊、土佐。与此相似,叙利亚向东通往美索不达米亚,向北通往小亚细亚、里海和黑海,西临地中海,向南经埃及可至红海、埃塞俄比亚。不同的是,今天大阪在日本国内依

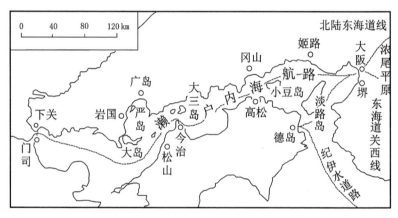

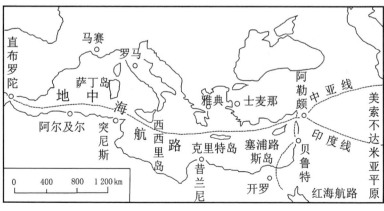

然是交通、经济的要冲，其重要性日甚一日，而叙利亚则因东、西洋之间交通路线的变化，今已几乎无法窥见其旧时面貌，这一点也很容易使我们忽视叙利亚在古代历史上的重要意义。

古代叙利亚的历史，最早当以腓尼基为代表。西顿、提尔这两座城市是腓尼基的中心，不过这一文明的起源尚不清楚。然而，从埃及第十八王朝极盛期出兵吞并腓尼基这一事实中，可以得知腓尼基自古便是极为重要的地区。在随后的第十九王朝时期，逃离埃及、在迦南谷底游荡的以色列人，在其北方的叙利亚本土，发现了许多因商业而繁荣的城邑都市。

定居在城郭之内、享受着发达的商业文明的城市居民，与维持着尚未开化的氏族制度、游荡在荒野之中的游牧民的对立，同时也就是叙利亚人的偶像神巴力与以色列人的守护神耶和华之间的抗争。以色列人逐渐受到叙利亚人的感化，沉湎于城市生活，追求福利，逐渐丧失了纯朴的古代武士精神。鉴于这一点，以色列的老派先知们，畏于爱憎极为灵验的耶和华神的愤怒，大声疾呼，力图维持淳朴的旧习。从一心敬畏神灵、诅咒文明生活的罪恶、连手碰金钱都被视为耻辱的以色列人中，后世居然衍生出了拜金教的使徒犹太人，这实在是全世界的奇迹。然而，如果考虑到这个奇迹是在叙利亚城邦这口坩埚中熔炼出来的这一事实，便没有什么不可思议的地方了。作为犹太人体格特征的那长长的鹰钩鼻，原本并不是以色列人的真面目，而是从北方迁徙到叙利亚来的山地民族赫梯人的体格特征，据说这一体格特征在以色列人中保存了下来。以色列的一神教,与叙利亚人的福利主义,以及赫梯人的面貌混血后所形成的,便是当今的犹太人。

叙利亚的城邦国家,一个接一个地遭到了邻近的强大帝国的征服。然而他们的思想和经济活动并没有因此而灭亡。城邦国家的商业民众历来都是难治之民,他们虽然会屈服在强大的权力之下,但绝不会对其统治心甘如饴。被征服后的城邦国家,虽然成了强大帝国的一部分,但他们的经济活动反而有了更加宽广的舞台,在新的希望中振翅高飞。

据说,世界上最先发明并使用表音文字的是叙利亚海岸的腓尼基人。这样的文字后来被内地的叙利亚人所接受,以大马士革为中心,陆上的商队贸易开始进入活跃期。而此时的东方,征服迦勒底后兴起的亚述帝国正值强盛,跨着战马、手持铁制兵器的亚述战士,如怒涛一般侵入叙利亚,大马士革也不得不到其军门请降。然而,战争中的征服者在不久之后便尝到了成为经济上的被征服者的痛苦。亚述帝国境内的商贸权为叙利亚人所掌握,叙利亚语成为帝国内部的商用语言,随后与叙利亚的表音文字一起,普及到了帝国全境。杀伐武断的亚述帝国灭亡,帝国境内亚述式的文明要素泡沫般地消失殆尽,而叙利亚式的文明则覆盖了整个美索不达亚平原,并一直影响到了遥远的印度边境。

亚述帝国崩溃后,其领土的主要部分被米底亚和新迦勒底[①]

① 即新巴比伦王国。

所分割。但米底亚只占据了底格里斯河以东的山地,广大的美索不达米平原基本上被新迦勒底帝国所继承。新迦勒底王尼布甲尼撒不久后出兵地中海岸,攻略叙利亚一带,并南下消灭犹太王国,将耶路撒冷烧成灰烬,还俘获了犹太的十支派,将他们强行带回国都巴比伦,这便是著名的巴比伦之囚。

最近,前德意志帝国的探险队对历史上曾经繁华一时的巴比伦城进行了考古发掘,其成果足以让我们窥见巴比伦宫殿区的全貌。然而,我们绝不能因此对巴比伦的壮观做过度评价。巴比伦的宫殿虽然壮丽,但其建筑材料全是质地脆弱的土坯砖,因此,城市建设的速度非常快,靠土坯堆砌起来的繁华城市,如同施了魔法奇术一样,一夜之间便出现在世界之上。然而一旦遇上幼发拉底河的泛滥,黏土砌成的城市便会立刻化为泥土的汪洋大海。总之,巴比伦文明是乡野文明,不用说与古埃及巨大的石建神庙不能同日而语,就是与稍晚出现的叙利亚石建城市相比,也大为逊色。

活动在东方高地上的波斯人,一开始处于米底亚的统治之下。崛起后的波斯人推翻了米底亚帝国,并乘势向西扩展,攻陷巴比伦,消灭新迦勒底帝国,继续向西,不仅征服了叙利亚一带,而且还越过苏伊士峡谷吞并了埃及帝国,余威远播巴尔干半岛南部,所谓的古代东方各国,悉数被波斯征服,波斯大帝国也由此完成了统一。且就其内政而言,波斯帝国也堪称世界最早的、统治机构最为完备的大帝国。

　　波斯帝国与之前的各帝国相比，统治方针上的最大不同在于政教分离，承认境内各民族的信仰自由。在此之前，各帝国之间、各民族之间的斗争，同时也是其守护神之间的斗争。被征服民族的守护神被置于闰位，在新征服地区，不问其民族，一律以征服者的守护神为正神，并强制其信仰。当初，新迦勒底帝国征服耶路撒冷时，犹太人极为顽固地坚守着他们的一神教，因此才有了巴比伦之囚的惨痛经历。然而在新兴的波斯帝国，尽管波斯人自己坚守其特有的拜火教①信条，但对其他民族比较宽容，释放了巴比伦的囚房，把犹太人放还到了故地，对其宗教也不加任何干涉。

　　在广袤的波斯帝国境内，最令统治者头疼的恐怕还是那帮难治之民，即叙利亚一带的城市商业民族。然而，波斯帝国采用的政策却非常高明，在大陆上利用其商队，在海洋上则利用腓尼基的船队，让其从事商业活动，从中获取利润，促进帝国繁荣。

　　波斯人允许叙利亚地区继续使用叙利亚语和叙利亚文字，且利用其原理，对古代美索不达米亚的楔形文字加以改良，创造了三十九个表音字符，用以书写本国的语言。众所周知，在解读古代美索不达米亚的原始楔形文字时，波斯明主大流士大帝留下的贝希斯敦石刻铭文，成为近代学者展开研究的关键。

---

① 即琐罗亚斯德教。

三　亚历山大大帝东征的意义

　　叙利亚地区的城邦国家,自从成为波斯帝国的领土以来,与此前受其他帝国的统治相比,虽说受到了宽待,来自帝国的干涉也不多,但是,作为庞大帝国的一部分,受到的制约也是不言而喻的。城邦国家的精神难以充分发挥,城邦国家文明的持续发展也受到了阻碍。不过,其在帝国内部享受着和平、外观上繁荣一时的文明,逐渐传播到了地中海沿岸各地,促进了新兴民族的崛起。在此,我们可以观察到巴尔干半岛南端的希腊民族的勃兴。城邦国家的精神,虽然由于大帝国的出现,其自然发展受到了阻碍,然而,却在新开辟的希腊的自由天地里得到了空前的发展。

　　波斯与希腊的冲突,在其初期丝毫不是什么影响世界发展趋势的大事件。波斯王大流士、薛西斯的希腊远征虽告失败,但这并不足以使帝国的基础出现裂痕。不过,波斯帝国内日渐沉沦的城邦国家的自治精神,以此为契机在希腊被唤醒,促使了和谐新文明的形成,于是才具有了世界史的意义,而波斯帝国也并非是因为这样的城邦国家文明的出现而灭亡的。

　　希腊的雅典、科林斯等城邦国家盛极一时,其文明之壮丽毋庸赘言,只是这些城邦国家的文明有一个缺陷,这就是强大权力的缺失,而且这还是一个致命的缺陷。强权没有出现在希腊的城市文明中,而是由被他们称为野蛮人(Barbaros)的北部平原上的马其顿人所赋予的。

亚历山大大帝继承其父腓力的余烈,在希腊的地位日趋巩固。在整合希腊各城邦国家成为霸主后,便马上率领精锐渡过达达尼尔海峡,入侵波斯帝国。叙利亚北部望风而降,腓尼基的提尔市曾经拼命抵抗,但也无果而终。亚历山大的军队席卷了埃及,再次来到叙利亚,并向美索不达米亚进军。已经建国两百年、逐渐贵族化了的波斯官军,根本无法抵挡新锐的马其顿军队,大流士三世战败而死,波斯帝国的领土全部落入了亚历山大的手中。

亚历山大对波斯的征服,果真是像从前人们认为的那样,是文明人对野蛮人的征服吗?自己娶了波斯公主,穿上波斯服装,并鼓励部下与波斯贵族妇女结婚,这难道真的只是一种政治上的策略吗?不,他真的就是喜欢波斯。最初出兵时,虽有讨伐波斯之意,但渐渐深入到波斯内地后,他便受到了波斯贵族生活的魅惑,慢慢忘记了出征的本意,归化了波斯。

然而,当时波斯的文明就一定凌驾于希腊文明之上吗?这是一个无法轻易解决的难题。只是亚历山大在选择都城时,没有选择叙利亚,没有选择西顿,也没有选择埃及,却偏偏选择了巴比伦,这一现象给了我们一个想象的空间。这就是亚历山大这个人,无论怎么看,都绝不是一个纯粹的希腊式的人物。他本来是个乡下人,并不喜欢希腊城邦国家的文明,倒是巴比伦这种乡野贵族的文明,最契合他的心绪。他在巴比伦一直沉湎于东洋的美酒,惜哉终年三十二岁,其辉煌的一生落下了帷幕。

地中海沿岸的城邦文明中,科学技术占有重要的地位,而印度洋沿岸各国,则拥有丰富的自然资源。乡下人亚历山大在靠近印度洋的巴比伦,享受着建立在东方丰富物资基础上的消费生活。同时,由于亚历山大的东征,普通的希腊人,为了追求来自东方的丰富物资,同样也可以自由地移居到波斯故地。在这里我们可以观察到波斯与希腊的融合,即所谓"希腊化文明"的形成。而这一现象的背后,还有一个长期以来被历史学家所忽视的事实,这就是在波斯人的希腊化和希腊人的波斯化之外,马其顿人的希腊化,应该是进入这一时期以后才大规模地发生的。亚历山大帝国的统治者绝不是纯粹的希腊人,而是野蛮人,或者至少是乡下人的马其顿人。希腊化文明中的希腊、波斯两种文明的融合,其实是通过马其顿人这个媒介发生的。

希腊人向东方的迁徙,主要集中在地中海沿岸,叙利亚沙漠以东的地区较为少见。亚历山大死后,进入了所谓的后继者(Diadochi)时代。继承亚历山大帝国最主要领土的塞琉古王朝,不久便因东部高原上安息王朝的勃兴而受到挤压,丢弃了美索不达米亚平原,退至叙利亚,建立了以安提俄克为都城的叙利亚王朝,与埃及的托勒密王朝、马其顿本土的安提柯王朝形成鼎足之势。

170　　叙利亚王朝的存在意义,也往往被历来的史学家忽视了。当时,从中国或印度通往地中海沿岸的交通道路已经开通。这两条交通干线,从中国经中亚,沿里海南岸,横穿幼发拉底河上游,即可来到叙利亚的地中海海岸;从印度经波斯湾口,沿幼发拉底河而上,在埃德萨附近舍船登岸,横穿叙利亚即可到达地中海海岸。

东汉的甘英出使西域时,正是通过叙利亚到达地中海海岸的。《后汉书》《魏略》等中国史料中记载的条支国,正是叙利亚王国,史料中所见的于罗,是叙利亚王朝的中心城市之一阿勒颇,安欲是安提俄克,且兰为耶路撒冷,而大秦不用说指的就是罗马帝国。以上这些地名,我都曾经试着做过考证。

控扼东西交通要道的叙利亚王国,尽管不断遭受来自东方安息王国的侵寇,但仍得以维持其商业的繁荣。意大利半岛上的罗马共和国兴盛以后,名将西庇阿兄弟以及豪杰庞培乌斯等对叙利亚连年发起进攻,据说叙利亚二十一个王被生擒,九百个城市被征服,银块十四万磅、金块一千磅,其他与此相当的战利品都被运到了罗马。

四　罗马统治下的叙利亚

罗马帝国虽然在皇帝尼禄死后陷入了一时的混乱,但随后维斯帕先在叙利亚的军中崛起,最后平定了全国,被元老院宣布为皇帝,罗马由此进入了纯帝政时期的黄金时代。皇帝的成功固然靠其杰出的才能,但同时也不能否定其根据地叙利亚的财富对其军事活动的支撑。

维斯帕先统治时期发生了重大的事件,居住在叙利亚南部的犹太人发动了叛乱。皇太子提图斯在包围耶路撒冷五个月后才好不容易将其攻陷,随后破坏了这座城市,并断然实施了大屠杀。但犹太人的反抗并没有因此平息,到了皇帝哈德良时期,皇帝禁止犹太人继续在耶路撒冷居住,并将罗马人迁徙到耶路撒冷故址上,所谓流徙(Diaspora)民族犹太人的流浪生活即发端于此。

被逐出故国的犹太人因此向外扩散,其范围不限于罗马帝国,而是流散到了世界各地。流徙数量最多的地区自然是叙利亚的北方,可以想象,叙利亚地区的商贸权恐怕要逐渐落到了外来的犹太人手中了,正如上海的金融利权归于浙江财阀之手,天津的商贸权为山西财阀所掌控一样。

罗马帝国的威势逐渐衰微之时,正是叙利亚境外推翻了帕提亚的安息王朝而崛起的波斯萨珊王朝日渐隆兴之时,叙利亚再次成为东西两大势力争夺的目标。这一时期,罗马皇帝戴克里先已无法安闲逗留在罗马,更多的是在小亚细亚北岸面临马尔马拉海的尼科米底亚修筑离宫,并在此指挥东方的军队。随着其在东方逗留的时间越来越长,他也同之前的亚历山大大帝一样,不知不觉中思想和行为不可避免地日趋东方化。最后他终于像波斯的绝对专制君主一样统治帝国,头戴皇冠,身披皇袍,在朝廷的仪式中,凭倚玉座引见臣下。在其统治时期,曾经是帝国故乡的意大利以及旧都罗马都彻底失去了光辉，地位下降，等同于一块领地、一座城市，而帝国的重心则转移到了东部的地中海海岸。他的后继者君士坦丁大帝，在尼科米底亚的对岸，即之前的拜占庭市故址上经营起了君士坦丁堡，并迁都于此。不久，帝国的西半部分遭到了蛮族日耳曼人的入侵，最终脱离了帝国的统治。帝国的东半部，则以君士坦丁堡为中心，形成了东罗马帝国，延命一千余年，备尝浮世的枯荣盛衰。

作为东罗马帝国的文明中心，叙利亚地区与首都君士坦丁堡一起绽放出了耀眼的光辉。中国的丝织品，虽然很久以前便经由中亚来到了罗马世界，但直到此时，才真正渗进了罗马贵族的生活。在君士坦丁堡的宫廷生活中，丝绸成为必不可少的奢侈品。当时，皇室的织造所除了首都之外，还有数所在叙利亚。叙利亚不仅是大量进口东方奢侈品的交通要冲，同时还是汇集了西方技术精华的工艺品生产基地，这同时也意味着叙利亚是东罗马帝国向西方未开化民族提供物资的仓库，换句话说，就是帝国的钱袋子。

依靠工商业的发展而繁荣昌盛的叙利亚，必然也会成为四方来民的杂居之地，因而其宗教也多种多样。叙利亚除了固有的巴力神等古代偶像的崇拜之外，还有拜火教及其别派之一的密特拉教，①此外，犹太教、基督教等也杂然并行。各种宗教中又有种种派别，就拿基督教来说，叙利亚的基督教最接近其发祥地，也最有

---

① 或译为拜日教。

资格声称自己为正统。出生于这一带的聂斯托里正是正统意见的代表,他反对西方化和官僚化教会的三位一体说,否定基督的神性。他的意见遭到了西方教会派的反驳。在罗马皇帝召开的以弗所宗教会议上,聂斯托里的意见被宣布为异端,他自己被驱逐到了国外,信从者也遭到了迫害。平心而论,这一事件标志着西方基督教偶像教化的开始,也正是这一事件,为欧洲中世纪基督教向未开化民族传播提供了便利,同时,也成为以罗马教廷为中心的教会僧侣堕落的原因。

就当时的思想界而言,欧洲最为落后,几乎没有可圈可点之处;宗教、哲学的思考,活跃于叙利亚以东。摩尼教即以巴比伦为中心迅速发展,成为波斯帝国的一大宗教势力。摩尼教的创始人是出生于巴比伦的摩尼,公元 240 年前后,宣称受到了神的启示开始传教。摩尼的父亲属于基督教的萨比派,应该向摩尼灌输了严守戒律的精神。摩尼主张更为严格的戒律生活,这种思想,与其说是倾向于基督教,不如说更倾向于善恶严明的拜火教二元论(Dualism)。他的教义融合了基督教和拜火教的内容,基督在其中则是一位应当受到尊敬的先知,这一点与聂斯托里派的主张有相似之处。摩尼教虽然最初得到了波斯王沙普尔一世的皈依,但摩尼本人后来据说因政治上的原因遭受了迫害,逃出波斯前往中国和印度传教。后来又回到故国,被拜火教徒捕获并杀害,并有传言说被他剥皮示众。他的教义最初是用中世纪的波斯文书写下来的,后来被改写为叙利亚文,最后用粟特文字书写,并传播到了四方,据说粟特文字正是摩尼本人发明的。他的教义从波斯向东传到了中亚、蒙古、中国,同时也传到了西方的欧洲世界,对思想界产生了极大的影响,就连圣奥古斯都那样的人物,据说年轻时也曾大力赞同过摩尼的主张。

在波斯本土,继承摩尼的传统并力图进行更加狂热的宗教改革的人物中,有名为马兹达克者。他提倡人类的彻底平等,主张共同拥有财产及妇女,甚至主张废除社会上的阶级特权。波斯王喀瓦德因为憎恶国内贵族僧侣的专横,所以对这一新兴宗教加以庇护,结果立刻遭到了保守势力的反扑,逃到了东方土耳其族的哌哒国,并借其力量恢复王位。继喀瓦德之后即位的库思老大王,颠覆先王的政策,将没收来的财产归还给旧主,将众多不知父名的幼儿交与现在居住的家庭抚养,据说自己也抚养了其中的一部分。马兹达克的教义与摩尼教一起进入了中国,对民间似乎产生了长期的影响,据说宋代打出"均贫富"口号起义的,[1]很可能就是其余孽。与这些宗教一起,印度的佛教也传播到了波斯,特别是在其东部地区产生了影响。同时,犹太教也兴盛于美索不达米亚,《塔木德》[2]编纂于巴比伦一事,也很值得注意。

总之,由于东罗马帝国对异端思想的排斥,所谓的思想犯们纷纷逃到了管制较为宽松的波斯。接纳了这些流亡者以后的波斯,在商业上呈现出繁荣的同时,思想上反而出现了无政府状态,

---

① 如方腊起义、王念经起义等。
② 犹太教的重要典籍之一。

正是这种状态,给身处阿拉伯沙漠中的穆罕默德创立新宗教提供了机缘。

库思老一世在位时期,被视为波斯萨珊王朝的黄金时代。尽管其接受了东罗马帝国的巨额岁币,同意维持边境的现状,但不久便入侵叙利亚,占领了安提俄克,并再次接受东罗马的和谈提议而东归。他的后继者霍尔木兹四世统治时期,东罗马皇帝入侵,萨珊王朝大败。后又遭阿拉伯人和土耳其人的南北夹击,加之国内内讧,继承人库思老二世甚至在宿敌东罗马的帮助下才登上了王位。然而东罗马不久也发生了内乱,库思老二世乘机征服了叙利亚,前锋直指小亚细亚,兵临君士坦丁堡城下。此时,东罗马皇帝希拉克略奋必死之勇,尽出精锐,从叙利亚海岸登陆,布下背水之阵,击破了波斯大军。又在尼尼微交战并获全胜,进军包围波斯国都泰西封。库思老二世毙命于暗杀,其子喀瓦德二世签下城下之盟,恢复了与东罗马的和平。

叙利亚地区两侧的波斯与东罗马连年交战,结果只能是两败俱伤,双方的国力因此疲敝。鹬蚌相争,渔翁得利,这时,在疲惫不堪的两国面前,出现了可怕的敌人,他就是阿拉伯的穆罕默德。

五　穆罕默德的兴起

在东罗马帝国与波斯萨珊王朝之间,以叙利亚为中心的对立日趋激化的同时，经由叙利亚的东西交通也受到了极大的阻碍。连接欧洲与中国、印度的交通道路，如果不经由叙利亚，那么只有绕道北方，由黑海进入中亚，或者从南方由埃及经红海进入印度洋。东罗马与突厥可汗进行了交涉，试图打通绕道北方的通道，但似乎因东罗马提出的条件没有被接受而归于失败。而经由埃及的通道，尽管有着红海航道的困难，但却日渐兴盛，因此，阿拉伯半岛西南部红海沿岸地区，作为东西交通要冲开始受到关注。库思老一世很早就派出了远征军，征服了位于红海入口处的也门地区，很多犹太人、叙利亚人、波斯人也随即迁往阿拉伯半岛居住。阿拉伯地区由此得以享受经济开发带来的繁荣，但同时宗教信仰上的无政府状态也被带到此地，这种状态给朴素的阿拉伯人带来了极大的刺激，其原始信仰在思想上也陷入了极大的混乱。

从也门向北前往地中海岸，有海陆两路可走，而当时的陆路商队似乎主要是利用沿海岸线到达叙利亚南端的路径。由此，我们看到了阿拉伯半岛的沿海地区出现了一批商业城市，其中值得注意的是叶斯里卜，即后来的麦地那，而能够与之颉颃的，就是位于其南方的麦加。

居住在这两个城市中的人们，原本属于不同的民族。叶斯里卜人属于希米叶尔族，这个部族本来分布于阿拉伯半岛的周边，很早便受到邻近发达国家的影响，从事农业生产，并知晓书算，尤其是其中的一支叶斯里卜，向阿拉伯中部发展，在这里建立起了贸易中心。而麦加人所属的穆扎尔族，一直以来就生活在阿拉伯中部，大多数人一如既往地过着昔日的游牧生活，维持着固有的氏族制度，属于未开化民族。只有住在麦加的穆扎尔人稍微开化一些，在古莱什家族的带领下开始从事商业，与闯入阿拉伯中部的北方叶斯里卜人争夺商业霸权。穆罕默德便是出生于麦加的穆扎尔部族名门古莱什家族的一员。

穆罕默德的父亲阿卜杜拉娶了叶斯里卜的阿米娜，但婚后不久便死去，穆罕默德是个遗腹子，生下来便是孤儿。六岁时又失去了母亲，祖父也随后过世，穆罕默德只得由叔父艾卜·塔利卜抚养。由于叔父也正值家道衰微，并不宽裕，因此穆罕默德自幼便背负起了劳动的重担。与生俱来的厄运不知道什么时候使这个温顺、善良的少年养成了沉思冥想的习惯。他曾与叔父一起加入了商队的旅行，去过叙利亚一带，一路上看尽了贫民的困苦和政治的残暴，悲悯同情之心油然而起。二十五岁时与富裕的寡妇赫蒂彻结了婚，生下了几个子女，但男孩全都早夭，只有一个女儿法蒂玛长成。他常常到希拉山上的洞窟中去沉思冥想，有一天晚上突然听到了神的启示："去传教，去传教！"

听到了神的启示后，穆罕默德一跃而起，看似优柔寡断的性格也为之一变。他开始向人们传播从神那里得到的启示，最初相信他的是爱妻赫蒂彻，随后是女儿法蒂玛和女婿阿里夫妇。古莱什家族最初嘲笑他是疯子，对之不屑挂齿，但随着艾卜·伯克尔、欧麦尔、欧斯曼等重要人物与其产生共鸣，终于不得不对其加以防范。

当时麦加市内有一座由古莱什家族管理的克尔白神殿,作为
整个阿拉伯地区的圣灵之地,每年都有定期的集市,从集市征收
的商税让古莱什家族深受其惠。穆罕默德的教条与此前阿拉伯
的原始信仰大不相同,穆罕默德也向因巡礼贸易而来的叶斯里卜
市民传教,并得到了他们的称许。叶斯里卜市民回去后广为宣
传,称扬这位麦加新先知的德行,并邀请穆罕默德前往叶斯里卜,
让更多的人聆听他的教海。这件事让古莱什家族极为狼狈,他们
决定抓住穆罕默德及其信众,并置他们于死地。穆罕默德的追随
者,也就是后来被称为"迁士"的人们,与穆罕默德一起逃往叶斯
里卜避难。这便是所谓的"海吉拉"。① 叶斯里卜城以后也被给
予了麦地那·纳比,即"先知之城"的美称,略称为麦地那。叶斯
里卜居民中从一开始便支援穆罕默德的人们,也被称为"辅士"而
受到尊重。

穆罕默德从此开始了他战斗的一生。他的敌人是祖国麦加,
特别是掌握麦加政权的同族古莱什家族。在海吉拉那一年,最初
的冲突发生在巴德尔谷地,好在胜利的幸运降临在了穆罕默德一
方。然而海吉拉之后的第三年,在乌霍德山迎击由古莱什家族的
栋梁、倭马亚之子艾卜·苏福扬率领的麦加军队时,胜利的好运
没能归于穆罕默德之手。看到穆罕默德战况不利,麦地那附近的

---

① 阿拉伯语"迁徙"之意。

犹太部落也表现出了反叛的态度。

海吉拉后的第五年，麦加兴师一万进逼麦地那，而穆罕默德一方能够出动的军队却只有三千人。为防御入侵的麦加军队，穆罕默德在麦地那周围挖掘了堑壕。麦加军发起攻击后，原本与麦地那结成同盟的犹太部落临阵投向敌军。麦地那保卫战虽然极为艰难，但直至最后麦加军也没能突破堑壕。其间出现了极为罕见的暴风雨，吹倒了麦加军队的阵营，冲走了军粮，军马死伤无数，麦加军陷入了混乱并最终溃散，投向麦加军的犹太部落也受到了严厉的处罚。

获胜以后，穆罕默德的实力也终于被附近的阿拉伯部族所承认，改宗者相继出现，而麦加的古莱什家族则被夹在了众多的伊斯兰教信徒之间，陷入了孤立。穆罕默德率领一万大军进逼麦加，古莱什家族见势不利而乞降。穆罕默德在出逃八年后，作为胜利者踏上了故乡的土地。他对曾经的敌人采取了宽大的政策，并宣布麦加的克尔白继续保持全阿拉伯圣灵之地的地位。

由于麦加的降服，阿拉伯的其他地区也很快拜倒在了穆罕默德的脚下。海吉拉之后的第十年，他感到死期将近，便在阿拉法特山山顶向聚集在周围的信徒大众宣告了诀别之辞，离开了人世。

穆罕默德的宗教改革与其他任何宗教改革一样，不外是被遗忘了的人道主义的重新复活。他认为任何社会地位以及氏族之

间的区别在神的面前都毫无价值，神的信徒都应该作为平等的同
胞而相信相敬，并且对不信神的人也要进行劝说，让他们也能分
享这份幸福。穆罕默德创立的宗教，与之前的其他宗教相比，最
为合理，最为理智，我们从中无疑看到了时代的变化。释迦从摩
耶夫人的肋部生出，基督不以约瑟为父便能出生，但穆罕默德以
凡人为父，自己也是凡人，他始终没有神性，而只是神的使者，既
不试探神，也不行神迹。关于这一点，下面的一个传说非常值得
注意。穆罕默德凭借着信仰开始传教时，与他为敌的古莱什家族
中有一个有权有势的人欧提拜对他说："年轻的朋友，你宁愿在祖
国引起内讧，在家族间挑起不和，冒渎众神，怀疑我们祖先的聪明
睿智，也要达成你的愿望吗？来，我有事与你商议。"穆罕默德说：
"说吧，我不妨一听。""那么年轻的朋友，你若是渴求财富，我等可
以给你超过古莱什家族任何人的钱财。你若是渴求权力，我等可
拜你为主，对你的意向丝毫不加干涉。你若是精神有异，不能自
制，则我等可出钱请来医生，为你看病。请你不要再传教了！"穆
罕默德说："不，我并不求富，也不求权，亦非发狂，只因真主向我
宣告，最终审判的日子即将来临，命我教诲尔等。""既然你不肯接
受我等的提议，自称是真主的使者，那就请你向我们出示证据。
我国土地褊小，河泽匮乏，请将那座山稍稍移向远方，扩大平原，
再引来水流，润泽大地。若是做不到，就请我等的先人从墓地复
活，与我等交谈。如此我等便即刻承认你是真主的使者，改宗于
你。"穆罕默德说："不，真主不是为此等事而派我前来。真主派我

来，只是为了让我传布信仰。""那么，为了证明你是真主的使者，请至少向真主请愿，求其让一位天使出现在我等面前。且若是有此天使在，你岂不亦可省却每日往返市场购买蔬菜之劳？若能见得此事，我等便即刻改宗。"穆罕默德说："不，我不可因此等事冒渎真主。我的使命只在于向尔等传教。"比起行神迹的基督来，穆罕默德的言辞中更有能让生于20世纪的我们产生共鸣的地方。在《古兰经》中，既没有大象流泪的光景，也没有什么恶魔变成的黑猫向酒馆主人传授制作金鱼酒秘诀的故事，一切都是关乎平凡人的言辞。

在个人生活上，穆罕默德也只是一个平凡的沙漠之民，有空就到街头传教，转过身去便回家抱孙子、挤羊奶。而且他也有着很多人类的弱点，特别是在女人这一点上，他的弱点体现得尤其明显。据说进入他后房的妻妾多达十五人，甚至有说多达二十五人。特别是其与载娜卜的婚姻，遭到了人们的指责。载娜卜原本是穆罕默德养子赛义德的妻子，赛义德知道穆罕默德喜欢她，便把她让给了养父。

在其后房中，有着古莱什家族血统的两个女子，即欧麦尔之女哈芙赛与艾卜·伯克尔之女阿依舍恃宠专恣。当出生于科普特的基督教徒、卑贱的女奴玛丽得到穆罕默德的临幸时，这两个女子认为自身高贵血统的尊严受到了损害，在穆罕默德的后房掀起了总罢工。穆罕默德以真主启示之名，宣布将首谋者幽闭一个月，镇压了罢工。穆罕默德曾说："在世间一切事物之中，我最喜附记：

与穆罕默德前后时期相关的各章，基本上原样借用了法国硕学勒南所著《宗教史论考》中的《穆罕默德及伊斯兰教的起源》。坊间有多种穆罕默德传，但无有出勒南这篇小论文之右者。

欢女人和香水。然而，就算是这些，也比不上在祈祷中受到祝福时的喜悦。"

《古兰经》既是伊斯兰教的神圣经典，也是作为一个人的穆罕默德的奋斗记录（Mein Kampf）。传教当初的甜美梦想、乐观向上以及充满希望的情怀，经常被现实人生中的艰苦打得粉碎。遭到犹太人的叛乱之后，他对犹太教的看法发生了改变。经历了基督教徒的背叛之后，他对基督教的评价做出了修正。据一位伊斯兰神学家所说，由于《古兰经》记录的是穆罕默德不同时期的言行，因此书中可以指出的相互矛盾多达两百二十五处。正因为如此，伊斯兰教中诸说林立，成为导致其分裂以至于不可收拾的原因。

六　倭马亚王朝的异端哈里发

　　面对着深刻的现实人生,穆罕默德不得不抛弃在和平中传播福音的希望,改变了他一直以来的和平方针,以暴抗暴,采取了武力反抗。他的圣战不是侵略战争,而是伊斯兰教团为了自卫而进行的生存战争。因此,除了真心追随他的麦加迁士和麦地那辅士外,为了利益而情愿加入伊斯兰教团、投身于穆罕默德麾下的初期伊斯兰大众,究竟对穆罕默德的教义有着多大的共鸣,则是疑问中的疑问。贾地马族被伊斯兰的勇将哈立德强迫改宗朝贡时,他们不理解新宗教伊斯兰教为何物,误以为要皈依的是萨比教,大叫"我等已是萨比教徒"。在意识到自己的误解后,为了保住面子又提出了一个条件:"我等不久便会改宗伊斯兰教,但还请缓期三年,让我们祭祀萨比教的拉特神。"被拒绝后,又请求说:"那就请缓期一年。"哈立德云:"不可。""如果这也不行的话,至少缓期六个月。""不可。""三个月,这是最后的条件。"当这最后的条件也没有被接受时,便哀求说:"那请至少免去伊斯兰教做礼拜的义务。"仍然没有得到允许,终于就此改宗,变成了伊斯兰教徒。台米木族的改宗也很奇妙,该部族的全权使节向穆罕默德提出诗歌比赛,而当其代表不敌伊斯兰诗人时,便立刻同意改宗。因此,像这样改宗过来的新教徒,对其宗教信念绝不可全面信任。游牧民

（Badawi）充其量只能按照规定的形式背诵"奉至仁至慈的真主之尊名"这样的祷文而已。其中，作为麦加的统治阶级，并对其门第有着绝对自负的古莱什家族嫡系正支只不过是在武力面前不得已向穆罕默德屈服而已，改宗之后也绝不会成为善良的伊斯兰教徒。古莱什家族嫡系正支的不诚实及其对穆罕默德的反感，为以后的阿拉伯帝国埋下了致命的祸根。而穆罕默德在掌握权力以后数年便离世，没有能够达到完全削弱古莱什家族的声望、消除穆扎尔族和希米叶尔族的对立并将阿拉伯民族完全融合到一起。

穆罕默德离世后，阿拉伯社会果然在政治上和思想上都发生了动摇。阿拉伯各部族中都出现了貌似穆罕默德的伪先知，其中著名的有穆塞利迈。他从波斯魔术师那里学来了在细颈玻璃瓶中放入鸡蛋的魔法，拿在手上从一个村走到另一个村，作为其为真主所派先知的证据，并传布新的教义，所到之处均受到了喝彩。同时还有出自台米木族的女先知赛贾赫。穆塞利迈被这女先知的军队追得走投无路，窘迫之下向她提出一对一地决战。令人惊讶的是，决战的结果居然是两人的结婚。三天后，女先知回到了部下所在的阵营中，部下问其胜负如何，她说："我承认我的对手是真正的先知，我已与他结婚。"而当部下声称如此便请举办婚宴，并向其索要赏赐时，她再次来到了新郎的居所。新郎在戒备森严的城墙上与新娘见了面。新郎说："我并无金钱物品可赐予卿之军队，然而作为替代，我可赐予卿等最为求之不得之物。天所派遣的先知穆塞利迈在此郑重宣布，仅对卿等台米木部族给予特权,可在每天五次的祈祷中,免去早晚两次。"

在政治、思想如此的混乱之中,是豪气万丈的伟丈夫欧麦尔挺身而出,继承了穆罕默德的遗志,维护了伊斯兰教徒的团结。穆罕默德死后,在选定继承人时,门第、德望兼备的只有欧麦尔与艾卜·伯克尔两人。在两派坚持己见相持不下时,欧麦尔主动承认艾卜·伯克尔为第一代继承人哈里发(Khalifah),并向其宣誓效忠,以防伊斯兰教团的分裂。此时的艾卜·伯克尔已是老病之躯,不堪任事,军国重任全都落在了欧麦尔的肩上。他辅助艾卜·伯克尔,派遣远征军讨伐位于叙利亚边境的部族,又派勇将哈立德前去平定东北一带的叛乱,在叶麻麦之战中擒杀了猖獗一时的伪先知穆塞利迈。伊斯兰军更是征服了盘踞在东北边境幼发拉底河畔的阿拉伯人建立的希拉国。至此,与波斯萨珊王朝大军的正面冲突已箭在弦上。在这重大关头,哈里发艾卜·伯克尔病死,欧麦尔众望所归,被推举为第二代哈里发。

此时正逢伊斯兰北伐军在波斯边境吃了败仗,幸有勇将穆桑纳的奋战,局势才得以勉强支撑。但波斯王叶兹德吉尔德又兴兵十万,梦想平定阿拉伯。对此,哈里发欧麦尔也在全国召集了三万军队,交给萨阿德指挥,令其北上。两军在卡迪西亚血战三日,伊斯兰军大获全胜,萨阿德追击溃败逃窜的波斯军,长驱直入,攻下了波斯首都泰西封,并再次在贾如劳击败了波斯军,两国的命运由此完全决定。幼发拉底河的中游建起了阿拉伯人的新殖民地库法,波斯都城泰西封化成废墟,又在河口附近建设了巴士拉城,取代了之前的贸易港口乌布拉的地位。在尼哈温德,伊斯兰军再次击溃六倍于己的波斯军,敲响了萨珊波斯的丧钟。最终,伊斯兰军平定了波斯全国,波斯王叶兹德吉尔德在波斯与土耳其边境上被暗杀。

在东北方面取得胜利的伊斯兰军,在西北叙利亚方面也同样取得了胜利。在叙利亚,此时已与东罗马接壤的伊斯兰帝国,不久便与东罗马帝国兵戎相见。在艾卜·伯克尔的时代,阿拉伯已经将叙利亚南部收入囊中,进入欧麦尔时代后,不仅完成了对叙利亚北部的征服,并且还南下经巴勒斯坦席卷了埃及,再次统一了古代波斯帝国曾经拥有过的全部版图。实现了如此伟业的第二代哈里发欧麦尔不幸毙命于凶刃之下,然而,穆罕默德的事业经由其手,已大致具备了应有的规模。

欧麦尔的遇害,给伊斯兰世界带来了巨大的不幸。巨星陨落后,正确的伊斯兰信条再次发生了动摇,被遏制的异端又一次开始蠢动,而这一次的策源地正是穆罕默德的同族、古莱什家族的嫡系正支倭马亚家族。

在伊斯兰军队相继取得胜利,伊斯兰世界一而再、再而三地扩张之时,虽然背后对穆罕默德的统治心怀不满,但现实中却不忘分享其利益,每次战斗后都在扩大、积蓄财力的,正是这倭马亚家族。而倭马亚家族的俊才穆阿维叶在叙利亚被征服后,便早早地来到了这片地方,当上了总督,非常留意对自己地盘的开拓。

欧麦尔伤重不起时,卧榻之上任命了六名委员,组成继承人的推选委员会。然而，六人委员会的意见不一，磋商数日仍无法做出决定。最终，出自倭马亚家的老翁奥斯曼被推举为第三代哈里发，本来可以作为当然的权利要求而继承哈里发之位的穆罕默德爱婿阿里落选。对此深感不满的暴徒起而攻击奥斯曼，奥斯曼虽在位十二年，最终还是以八十二岁的老躯毙命于凶手之刃。其后，穆罕默德的爱婿阿里被宣布为第四代哈里发，但倭马亚家怀疑是阿里唆使人暗杀了奥斯曼，因此拒不承认其哈里发的地位。其中，叙利亚总督穆阿维叶利用其雄厚的财力，从各地招集雇佣兵，公然开始敌对行动。俊敏如隼的穆阿维叶在军事和外交上逐渐掌握主动，而优柔寡断的阿里则渐渐被逼到了绝境，最后的根据地库法也是人心动摇，阿里在清真寺祈祷时遭暴徒突袭而亡。阿里毙命后，整个伊斯兰世界都归入了倭马亚家的统治之下。穆阿维叶将自己在叙利亚的根据地大马士革定为首都，建立起了波斯式的专制王朝倭马亚王朝。

阿里之子哈桑为穆阿维叶的甜言蜜语所惑，回到了麦地那。而哈桑的弟弟侯赛因则起兵一战，兵败后在卡尔巴拉遭到惨杀。不过侯赛因的子孙，势力虽弱，但一直保持着穆罕默德的血脉，自称"宗主（Imam）"，以伊斯兰世界的精神宗主而自居，而阿里的部分子孙则逃往东部的美索不达米亚避难，躲过了倭马亚王朝的迫害，后来更是逃到了伊朗高原，坚持主张正统哈里发应由阿里的子孙来继承。他们遥奉麦地那的阿里嫡支为宗主，并预言宗主再次君临伊斯兰世界的那一天一定会到来，这便是今天仍然流行于波斯的什叶派伊斯兰教徒的主张。

伊斯兰的传教运动不止是一场思想运动，还是一种社会革命运动。伊斯兰所到之处，驱逐地主（Dihqān），将土地分给民众。萨珊波斯的贵族制度以地方上的土著地主势力为基础，正与中国南北朝时期的门阀制度有相似之处。波斯帝国崩溃后，地主们拥戴王子卑路斯，并一起逃往国外，图谋再起，但因本地农民等阶层拥护伊斯兰政治，他们始终没有找到可乘之隙。随着波斯社会的崩溃，以其为基础的贵族文化虽然也看似烟消云散，然而，文明终究是一种力量，而传统的力量则更为强大。征服了波斯的阿拉伯人，不久便不得不屈服于波斯的传统和波斯的文明。看，倭马亚王朝君主的血脉相继，不就是波斯帝国的继承方式吗？最初的几代哈里发，他们都过着平民一样的朴素生活，一心一意服务于伊斯兰教团，并能三省其身，以免过失；而倭马亚君主则在大马士革筑起了宫殿，整顿朝仪，以君主的身份接见群臣，这不就是波斯的政体吗？而且，阿里的党派树立宗主，期待其君临天下，这种做法，与波斯地区的弥勒降世思想一脉相通。就算是偶像被毁了，绘画被撕了，饮酒也被禁止了，但这些不久后又戴上了假面具，蠢蠢欲动，试图抓住一切机会复辟。对于这样的蠢动，伊斯兰的信条有时显得完全苍白无力。

不过，虽然信念称不上坚定，虽然拥戴着异端的朝廷，但作为沙漠之子的阿拉伯人正值民族意识的隆盛时期，占据天时、地利的阿拉伯民族勃兴的奔流，弥补稍许欠缺的人和绰绰有余，如同决堤的河水一般浸润大地。

在倭马亚王朝的统治下，阿拉伯帝国进一步向西拓展疆域，越过埃及，蚕食北非，驱逐了罗马帝国派遣的太守，占领了突尼斯，并使这一带的游牧民柏柏尔人改宗，又继续向前越过天险海格力斯之柱，征服了西班牙的西哥特王国。众所周知，从这时起，海格力斯之柱便以渡海的勇将塔里克之名命名，被称为塔里克之山，即直布罗陀。①

之后，阿拉伯帝国在东方开疆拓土，疆域伸向中亚，一直到达葱岭（Pamir），与唐帝国接壤，并开辟了与东亚的交通往来。其宗教的范围更是向东南越过兴都库什山脉，实现了奄有印度河流域、南洋诸岛的大扩张。

七　波斯化的阿拔斯王朝

倭马亚王朝的统治持续了九十年。历代君主虽然大多没什么坚定的信仰，但为了维护已经形成的阿拉伯共同体，也为了有助于这个共同体实现更大的扩张，穆罕默德的教诲便就此作为至高无上的权威，被广泛用于内治与外伐。其首府大马士革则建造了众多的寺院和宫殿。这座城市不仅是政治和宗教的中心，同时

---

① 直布罗陀的英文名 Gibraltar 一词中，Gibral 来自阿拉伯语 Jebel（山），tar 来自塔里克之名 Tarik。

也是工商业的中心。大马士革织锦之华丽,大马士革弯刀之锋利,在当今欧洲世界的词汇里尚有记忆,彰显着往昔的声誉。

以大马士革为首都的倭马亚王朝,其国策也必然带有浓厚的叙利亚色彩,首都的位置往往会决定朝廷的政策。受到历史悠久的商业地区叙利亚的实利主义的影响,倭马亚王朝时期,阿拉伯独自的文明并没有就此迎来发展的隆盛期。阿拉伯文明真正的开花结果,要等到随后建都于巴格达、乡下气息浓厚的阿拔斯王朝统治时期。

倭马亚王朝末期,弊政不断,民心尽失。而这一时期最值得关注的,是波斯高原以东地区重要性的凸显,这与东亚唐帝国的兴隆有着直接的关系。途经中亚的东西交通路线,虽然汉代就已开辟,但直到南北朝时期,往来也不频繁,其日趋兴盛乃是隋朝以后,尤其是进入唐代以后的事。很久以来,美索不达米亚和波斯,作为欧洲通往印度的交通要道广受人们关注,而从这时起,这一带更是作为前往中国的交通要道而声名远扬。与此相伴,波斯东北部的呼罗珊地区也得到了开发,居民的财富因而增加。而如前所述,在这个新开发的地区,隐然拥有潜在势力的伊斯兰教派别,就是对倭马亚王朝抱有反感的、穆罕默德的爱婿、不幸的阿里的党派。其中声望尤其显赫的是穆罕默德的远亲阿拔斯的子孙。正值此时,呼罗珊爆发了艾卜·穆斯林领导的叛乱,并逐渐取得优势,驱逐了倭马亚王朝任命的呼罗珊总督,形成了独立的地方势力。当时,身在巴勒斯坦南部的阿拔斯家族宗主易卜拉欣与波斯的叛军遥通气息,事发后为倭马亚王朝末代君主穆尔旺逮捕,据说被放进了装满生石灰的皮袋中虐杀。临死前,易卜拉欣派出密使前往其弟阿布尔·阿拔斯·阿卜杜拉处托付后事,要其血债血偿。为报兄仇,阿卜杜拉出走,加入了艾卜·穆斯林的叛军,在库法受到了众人的拥戴,被宣布为新的真正的哈里发。

然而另一方面,阿里的子孙们仍在麦地那延绵不绝。阿拔斯家族不拥立阿里的子孙,却自己站出来登上了哈里发的宝座,这有悖于他们此前的主张。为此,他们便虚构了一个事实,称真正的宗主之位在阿里的子孙中代代相传之后,已经被移让给了阿拔斯家族,并向众人宣布,众人所期待的真正的宗主君临现实世界这一预言如今正在成为现实。阿拔斯家族的这种行为,虽然在后世或许会招来非议,但在当时的形势下实在是有迫不得已之处。因为从呼罗珊出发的艾卜·穆斯林的独立军,虽已勇往直前进入了美索不达米亚,但距倭马亚王朝的根据地叙利亚仍然非常遥远,为鼓舞士气,必须尽早为出师树立大义名分。正值此时,出自穆罕默德叔父、名门大族阿拔斯家族的公子阿卜杜拉前来投奔,阿卜杜拉因兄长遭到残杀而怒火中烧,发誓要复仇雪恨,抱着事成千户侯,事败同受烹的决心,孤注一掷,将自己的一生及家人的性命全都押在了这支军队上。在这样的形势下,若不自称宗主,若不自称哈里发,岂能鼓舞三军的士气?

很幸运,有阿卜杜拉的热情和艾卜·穆斯林卓越的将才,在萨卜河的战斗中,独立军彻底击溃了宿敌倭马亚官军。随着阿拔斯家族的黑旗黑甲遮天蔽日，一路向西，倭马亚家族的白旗白甲则如云散雾消，四处溃散。公元705年春三月，倭马亚王朝经营了九十年的都城大马士革终于被攻克，一心想着复仇的新哈里发阿卜杜拉几乎杀尽了倭马亚家族的全体成员，大叫快哉！倭马亚家族中只有一子阿卜杜勒·拉赫曼只身逃脱，远走西班牙，在这里传承着倭马亚家族的血脉，成为科尔多瓦王朝的创始者。

　　阿拔斯王朝第一代哈里发阿卜杜拉对异己分子过于惨烈的复仇和肃清，使得各地陷入恐慌，甚至因此诱发了叛乱。阿卜杜拉本人也在混乱之中一病不起，将政权托付给了弟弟阿尔·曼苏尔。阿尔·曼苏尔才是阿拔斯王朝真正的建立者。他在一定程度上将宗教和政治分为两个系统，自己则掌控着统一这两个系统的最高权威。换句话说，宗教上他是教皇，政治上他是国王。因此，在整顿政治体制的同时，也有必要对教会组织进行整顿，于是出现了所谓的正统逊尼派（Sunni）伊斯兰教。对此，阿里一派的教徒依然心怀不满，他们的根据地与以前一样在波斯内地，尤其是在呼罗珊建立独立军，为阿拔斯家族立下了丰功伟绩的栋梁之材艾卜·穆斯林无罪见疑，遭到哈里发阿尔·曼苏尔的暗算之后，波斯派的分裂倾向也日趋明显，最终与正统派教会之间形成水火之势。

　　事到如今，对阿拔斯家族来说，阿里的子孙已经成为最危险的存在。因此，阿里家族所遭受的迫害，与异端的倭马亚王朝时期相比，在自称正统的阿拔斯王朝统治下愈发显得惨烈。阿里长子哈桑的子孙中，在当时的思想界已是举足轻重的穆罕默德和易卜拉欣兄弟为曼苏尔所杀。又过了百余年,阿里次子侯赛因的子孙中,连续几代都被尊为宗主的一支也同样惨遭阿拔斯家族的毒手而灭亡。

　　为了巩固政权,阿尔·曼苏尔虽然玩弄权术,有时甚至手段毒辣,但他仍然是一位英明的君主,为阿拔斯王朝今后的发展打下了坚实的基础。他充分认识到叙利亚地区倭马亚王朝的旧势力依然不可小觑,便在美索不达米亚平原寻找新的根据地,在距离古代迦勒底首府巴比伦和中世纪波斯首都泰西封都不远的地方建立新都,命名为巴格达,意为神的首都,这便是现今伊拉克首都巴格达的起源。但据说阿尔·曼苏尔划定的那座著名的环状都市,在此后历经多次变迁,终究归于荒废,湮没在了今巴格达市区西南底格里斯河对岸的沙漠之中。

　　阿拔斯王朝全盛时,巴格达的繁华也达到了鼎盛,但著名的《一千零一夜》中频频出现的那梦幻般的繁荣,恐怕多少有些夸张。实际上,巴格达的城市建设必定与古代巴比伦一样,是用土坯和黏土堆砌起来的,平坦刻板而土气,黄尘滚滚,尘埃满地。但就是这座城市,在阿尔·曼苏尔之孙哈伦·拉希德及其子阿尔·马蒙两代前后五十年间,成为东方文艺复兴的中心。希腊、波斯、印度和叙利亚的古代文献被翻译成阿拉伯文,文学、科学的精华萃于一堂。阿拉伯人在夸耀其文明时必称拉希德和马蒙两代,这亦绝非偶然。在巴格达经阿拉伯这口坩埚熔炼过的古代文明精华,又再次漂洋过海,传播到了西班牙的科尔多瓦王朝、东罗马的君士坦丁堡。据载,西方新兴的野蛮国家法兰克王国查理曼大帝、东方中国的唐朝皇帝,都曾向巴格达派遣过大使。

如果说穆罕默德的时代是宗教改革的话,那么,哈伦·拉希德的时代便是文艺复兴。阿拉伯的宗教改革发生于麦加这样的边陲之地,正与欧洲的宗教改革发生于德国的内地相类。而欧洲的文艺复兴不始于威尼斯,不始于热那亚,而发祥于佛罗伦萨那样的山区,也与阿拉伯的文艺复兴不始于叙利亚和埃及,而始于巴格达这样的乡下城市如出一辙。

八 十 字 军

阿拔斯王朝的黄金时代过去了,随即到来的便是王朝的没落。阿尔·马蒙死后,其弟阿尔·穆塔西姆嗣位。至此,曾经武骨棱棱的阿拉伯人早已魅惑于文明的弊风,变成了软弱的贵族阶级。察觉到其暮气不堪重用的哈里发,招募从北方吉尔吉斯草原逐暖南下的游牧民族土耳其人,组建了新的近卫兵团。君主独裁体制因此得到了一时的强化,这是个不争的事实,但土耳其兵团不久就意识到了自己的力量,横暴专权之气逐渐兴起。土耳其酋长不仅专擅中央君主的废立大权,地方上的土耳其豪强也手握兵马大权。曾经强盛如彼的阿拔斯王朝疆域内,群雄割据,陷于分裂,阿拔斯王朝最终沦为仅辖巴格达一带的地方政权。

当时,阿姆河以北的中亚地区有一个以布哈拉为中心的萨曼王朝,其君主虽传说出身于波斯土豪,但赖以维持权力的则是土耳其雇佣兵,与其他群雄并无二致。萨曼王朝表面上是向阿拔斯王朝称臣的藩属,但事实上早已是一个独立的王国。这一王朝的出现,给游牧于北方草原的土耳其民族带来了深刻的影响。在萨曼王朝的影响下,土耳其人接触到了文明的风气,认识到了货币经济,并开始信奉伊斯兰教。出现在萨曼王朝南方的阿富汗伽色尼王朝,同样也靠土耳其雇佣兵起家,并与北方游牧的土耳其喀喇汗王朝结盟,灭掉了萨曼王朝。然而,曾经供职于萨曼王朝的雇佣兵队长塞尔柱率领其部下的土耳其人,占据了波斯东部的呼罗珊并独立,至其孙图格鲁勒·贝克时势力大盛,击败了伽色尼王朝并使其一蹶不振。其侄阿尔普·阿尔斯兰应阿拔斯君主之请,在埃尔祖鲁姆①大败东罗马帝国的侵略军,并擒获东罗马皇帝罗曼努斯四世。阿尔斯兰之子马立克沙吞并阿拉伯和小亚细亚,基本上统一了阿拔斯帝国的重要疆域。虽然其名义上不过是阿拔斯王朝的藩王(Sultan),但手中却握有帝国的实权,迎来了塞尔柱王朝的最强时代。

本来,阿拉伯帝国,不管是初期的正统哈里发时代,还是后来的阿拔斯王朝,就算对伊斯兰教的信仰再坚定,其对待其他宗教的态度也不像后世史家所误解的那样疯狂。事实上,阿拉伯帝国并不曾对其他宗教进行一味地迫害,特别是哈伦·拉希德在位前后,国内

① Erzurum。此战发生的地方准确地说应为马拉兹戈尔特(Malazgirt),两地均在今土耳其东部,相距不远。

非常流行理性主义，在宗教上采取的其实是宽大主义政策，甚至因此导致了阿拔斯王朝统治基础的松动。但是，刚刚改宗且掌握了阿拉伯世界实权的土耳其人，他们对宗教的热衷程度甚至超越了正宗的阿拉伯人，他们比阿拉伯人更加伊斯兰化。因此，他们对待基督教的态度也绝不可能与此前的阿拉伯人的阿拉伯帝国一样。

可是，不能因此便断言土耳其人对基督教徒加以了不当的迫害，更不能以此为理由对基督教国家所发动的十字军东征给予正当化。实际上，被冠以"圣战"二字的十字军运动，才是神人共愤的暴举。

亚眠的狂教士彼得奉了罗马教皇的密旨，在法国各地奔走呼号，向民众广为散布基督教徒前往圣地巡礼时受到虐待的情况，以鼓动舆论。随后，教皇乌尔班二世亲赴在克莱蒙举行的会议，慷慨悲愤，呼吁发兵光复圣地。由此传檄各地后，贵族、僧侣、平民之执剑跃起者约数万人，一路上在欧洲大肆掠夺，一边与各地人民作战，一边向东进发。曾请求其出兵相助的东罗马皇帝，在这意想不到的架势面前战战兢兢，不敢主动提出与其相配合。于是，作为先驱的八万乌合之众，徒然暴尸于巴尔干和小亚细亚的荒野。其后，以正规封建武士军团为中心的第一次十字军有三十万之众，一路从德、法、意诸国奔驰而来，从小亚细亚沿岸登陆后南下，凭借其蛮勇，一路上所向无敌，攻陷尼西亚后大肆屠杀无辜的土耳其人，进入叙利亚后，又血洗了安提俄克。公元 1099 年 6 月，十字军望见了耶路撒冷，欢呼雀跃。经过数周的包围和攻击，终于占领城池,实现了夙愿。十字军一路袭来,所到之处,十二分地发挥了自己野蛮未开的本性。在安提俄克屠杀了居民一万人;在叙利亚的马拉附近杀戮了十万人。如今,攻下耶路撒冷后,屠城七天七夜,神庙前廊的血海没过了膝盖,直淹到马衔。

遭遇不幸的并非只是伊斯兰教徒。欧洲的犹太人之前已经遭遇了这样的苦难,而在伊斯兰世界中找到了安身之地的犹太人也未能逃脱同样的命运,居住在耶路撒冷的犹太人为藏身而躲进的犹太教堂被放了火,教堂里的人被悉数烧死。能够逃命的异教徒几乎没有,据说耶路撒冷市内至少有七万人遭到屠杀,附近的的黎波里、提尔、西顿诸城也遭受了同样的杀戮。屠杀以后,在废墟上建立起了法兰克人的耶路撒冷王国。

面对十字军的入侵,土耳其塞尔柱王朝之所以无力抵抗,是因为国王马立克沙死后国土被诸王子分割,国家陷入了封建割据,不能互相援助。然而面对十字军惨无人道的屠杀,整个伊斯兰世界不得不受到震撼。如今土耳其人和阿拉伯人都不得不奋起迎击共同的敌人。虽然长年的惰性让土耳其人花费了一些时日才紧急建立起新的体制,但随后不久,摩苏尔艾塔伯克①便首次吹响了土耳其军反击的号角。公元 1144 年末,摩苏尔艾塔伯克因收复了埃德萨而名声大噪。而其更大的荣誉和功绩,则在于生下了后来成为继承人的次子努尔丁,并且提拔了英雄萨拉丁的父

---

① 即伊马德丁·赞吉,赞吉王朝的创立者。

亲纳吉姆丁。努尔丁屡次击败法兰克军队，筑起了以大马士革为中心的叙利亚东方防线。英雄萨拉丁则平定了埃及，包围了十字军的右翼，并在努尔丁死后，代其成为埃及、叙利亚方面土耳其军的总司令，得以伺机由守转攻。

萨拉丁率领的土耳其军在提比里亚的决战大获全胜，十字军将领吕西尼昂的居伊以下，或被生擒，或者战死，抛尸一万，风声鹤唳。英雄萨拉丁当然不会放弃这样的良机，乘胜追击，在雅法、贝鲁特、的黎波里、提尔望风而降后，长驱直入，兵临拥有六万驻军的十字军根据地耶路撒冷城下。在据有绝对优势的伊斯兰军队面前，耶路撒冷不得不开城投降，只是这次投降与此前十字军占领耶路撒冷时完全不同。每个降者的赎金被定为十第纳尔，对于无法全额支付的人，萨拉丁从自己的囊中支付赎金，释放了敌人。在获得如此宽大的处置以后，首先背信弃义的是十字军将领吕西尼昂的居伊。尽管他发誓立刻返回欧洲而获得释放，但一旦恢复了自由便立刻食言，招集散落在附近的十字军残兵，并与新近到达的新十字军会合，开始围攻阿卡，第三次十字军与豪杰萨拉丁的白热战随即在阿卡上演。

围困阿卡的十字军据称有六十万，如何打破包围？萨拉丁也无计可施。在经历了七个月的围城以后，阿卡陷落。此时，有一千六百个俘虏因未能及时交纳赎金，在同胞的眼前惨遭枭首。而犯下这一野蛮行径的英国狮心王理查德，随后看到形势于己不利，于是向萨拉丁求和，在看到和约没有受到任何破坏而得以实施后,理查德也从中学到了超越宗教和人种的人道主义精神,返回了欧洲。这就是十字军东征给黑暗的欧洲中世纪社会给予的最大影响和至高教训。

关于十字军东征给西方社会在政治上、社会上和思想上带来的影响,虽然没有受到足够的重视,但已为西方学者讨论至今。然而,其对东方社会所带来的影响,则从未听闻有人著书立说。实际上,其给东亚社会造成的影响与西欧相比不相上下。

十字军东征的主战场是控扼东西交通要道的叙利亚,且前后延续了一百七十余年。在叙利亚这个舞台上上演的一场场血腥战争,极大地阻碍了东西交通贸易的发展。又因为萨拉丁的登场,埃及成为反十字军的要塞,经由南方红海的交通路线也被阻塞。这样一来,可以通行的路线只剩下一条,那就是向北迂回,从黑海之北进入中亚,再由此通往中国和印度。东罗马早就注意到了这条交通路线,并试图与游牧的土耳其民族的君主达成协议,但似乎没能取得充分的谅解而半途而废。十字军征战正酣时,意大利的商业国家威尼斯眼见自己暗中煽动起的骚乱出乎意料地蔓延开来,以至于发展到了不可收拾的地步,由于担心自己的东方贸易归于断绝,不得已施了苦肉计,诱惑第五次十字军占领了东罗马帝国的首都君士坦丁堡。尽管如此,他们的商队是否能够穿越散布在黑海北部到中亚之间的游牧土耳其民族的领地,最终到达中国和印度?这仍然是个疑问。然而欧洲通过这样一条路线,间接获得了中国和印度的物资,则无疑是事实。其证据是,地处中亚往东通往中国、往南通往印度的岔路口,锡尔河、阿姆河之间以撒马尔罕为中心的河中地区,此时呈现出了前所未有的繁荣。河中地区的正北方,是游牧于草原的土耳其民族,面对南方的繁华,终于没能经受住入侵的诱惑和冲动;而同时,冲动更加强烈的,是与土耳其人比邻而居的最蒙昧的蒙古民族。

身处极寒地区、没有充足的食物、如同冻馁的野兽一般在荒野中流浪放牧的蒙古民族,在当时举世罕见的经济竞争的失败者。为了获得糊口之资,同族之间屡屡上演以血洗血的死斗。误入了同一洞穴的两头饥饿的狮子,它们之间的惨烈争斗可想而知。成吉思汗与汪罕以及与札木哈之间的争斗即属此类。当活下来的狮子发出胜利的咆哮时,其余百兽便都争先恐后地拜倒在它的脚下。

成吉思汗将勇猛无比的蒙古精锐收入麾下后,兵锋所至,无所不摧。历来以骁勇闻名于西方世界的游牧民土耳其人,在蒙古人的面前也是脸色苍白,唯命是从,效以先导之勤。蒙古人以土耳其人为羽翼展翅欲飞时,首先进入他们视野的便是以撒马尔罕为中心的河中地区,也就是东可至中国,南可入印度,西可到波斯、欧洲的这一世界的十字路口。

因遭受西方十字军无休止的杀戮而战战兢兢的伊斯兰民众,面对来自东方、与十字军不相上下的野蛮民族的入侵和屠杀,再次战栗不止。他们究竟是带着什么样的罪孽来到这个世上,因而不得不以此来救赎呢? 如果不是罪恶深重,他们又为什么会遭遇如此的不幸呢？回答是他们的社会自古以来便是全世界富贵荣华的中心，这便是他们不幸的原因。他们先于世界的其他地区享受惯了生活的快乐和幸福，而且最不幸的是，他们的邻居是生活水准比他们低得多的民族。有着不幸邻居的人，将会遭遇比自己的不幸更大的不幸。想要在一个封闭的社会里维持和平，其难度与维持一个个人的封闭的和平相当。这不是伦理，也不是道德，只是历史教给我们的现实。

成吉思汗和他的子孙们所率领的蒙古军队，从世界的十字路口向四方进兵。位于十字路口西南的波斯的伊斯兰世界遭受了最沉重的打击，立国四百余年的阿拔斯王朝及其藩属土耳其诸国，在蒙古的铁蹄下被践踏，仅靠逃到埃及的穆斯坦绥尔自称阿拔斯朝哈里发，才勉强在名义上得以存续。蒙古军队曾两次试图利用黑海北岸新开辟的交通路线入侵欧洲。只是应当注意的是，蒙古人自身虽然是尚未开化的野蛮人，但当其到达中欧及地中海沿岸时，军队中不仅有蒙古人，还有众多的随从，他们多是文化最为发达的旧世界的知识分子。在文明史发展上，蒙古人在不经意之间承担起了文化传播的光荣任务。

九　蒙古、土耳其与欧洲

都说穆罕默德右手提剑，左手拿着《古兰经》，强制他人接受伊斯兰教。不过，就算这是事实，在强制信教这一点上，基督教也与伊斯兰教不相上下。教皇右手提着棍棒，左手拿着《圣经》，将福音强行推销给人们，更为恶劣的是，还在寺院的墙壁上绘制表现地狱、天堂这一类阴森森的宗教画来恐吓无知的人们。穆罕默德到底还是没有采用这种类似于儿戏的策略。十字军时代，西亚、欧洲的民众必须信奉某一种宗教，并加入其教团，正如颜料盒中的颜料管必须有某一种色彩一样。没有宗教的人，这样的事情甚至连想都想不到。然而就在这时，令人惊恐不已的事发生了，这世界上竟突然出现了无色透明的人类。他们便是从东方横扫而来的蒙古人。西亚人、欧洲人将其视作恶魔，惊恐万分，焉知他们其实是救世主。在因宗教之故你争我夺了无宁日的争斗面前，他们以严正的审判者的姿态出现。他们并不插足别人信仰的具体内容，也没有兴趣去干涉，只是满足于别人在政治上顺从他们，在他们的面前屈服叩头，他们绝没有将自己的萨满教信仰强行推销给被征服者的想法。他们是军事上最为可怕的敌人，同时在宗教上又是最为宽大的征服者。蒙古帝国的出现，打破了西亚和欧洲在宗教上的对立。欧洲人得以在蒙古帝国境内自由往来，从事通商贸易，因十字军而一时受阻的东西交通，较之以前更加繁盛，威尼斯、热那亚等意大利各国也因此恢复了繁荣，再次追逐通商所带来的利润。蒙古人带来的东亚文明，以及政治上虽然日渐衰颓但仍然以世界最古老文明起源地而骄傲的西亚文明，毫不吝惜地在欧洲世界散发着它们的光芒。在蒙古人的征服差不多完成的公元 1300 年前后,意大利的城市中看到了文艺复兴的曙光,这绝不是偶然的。有逸闻说蒙古人入侵德国时,英国市场上的鲱鱼价格因此下跌。据此或许可以作如下推测,英国人培根拥有关于火药的知识,这也有可能成为因蒙古人的西征所带动的东方科学西传的一个事例。不管怎么说,西欧封建制度的崩溃,十字军的东征是一个开端,而随后的蒙古人西征,则直接或间接地为他们提供了不少战术上的启发,这是一个毋庸置疑的事实。

蒙古人成为西亚的统治者,并在西亚定居了下来。不知是被土著文明所同化,还是统治上的策略,最初在宗教上无色透明的蒙古人,也不得不改信当地的宗教。在俄罗斯南部建国的钦察汗,早早地皈依了部下土耳其人所信奉的伊斯兰教;而定都于波斯的伊尔汗国,一开始信奉基督教,后来也改信伊斯兰教。但幸运的是,这并没有带来新的宗教斗争,避免了因斗争而造成的不幸。

蒙古的征服,并不仅仅是蒙古人的事业,而是由作为核心的蒙古人以及团结在其周围的众多土耳其民族所组成的战斗群的大规模移动。土耳其人作为个人并非不勇武,只是因为较早接触到西亚的文明,相互之间在社会发展水平上有着较大的差别,且各自拥有不同的迁徙经历,因而不可避免地带有缺乏统一的弱点。但一旦集结在强大的蒙古人的权力周围,无论是政治上还是文化上,其势力均压倒了作为少数的蒙古人,蒙古人反而逐渐被土耳其化。据说在蒙古民族中出现的第二大征服者帖木儿时代,这种倾向已经显著地表现了出来。帖木儿定都于河中地区的撒马尔罕,降服钦察汗国,又吞并了伊尔汗国,其威势曾一度远播欧洲,连西班牙的基督教国王也派遣使节至其国都。在帖木儿子孙的统治下,西亚文化再次光辉灿烂,足以夺欧洲人之目。值得注意的是,紧随着这一时代到来的,就是意大利文艺复兴的黄金时代。

与帖木儿同时,土耳其的势力也在不断兴起,这不仅可以从其领地之内观察得到,就是在其领地之外,也同样表现得异常明显。其中,最主要的是土耳其奥斯曼王朝在小亚细亚的兴起。奥斯曼王巴耶济德与帖木儿争霸,虽然战败被囚,但其子孙能够克服艰难,光大遗业,趁帖木儿王朝晚期国土分裂、政权崩溃之机,立刻挺身而起,取代了蒙古人,作为整个土耳其民族的领导者登上了历史舞台。特别是穆罕默德二世,攻陷了东罗马帝国的千年国都君士坦丁堡,在这里树起了半月旗。到塞利姆一世为止,土耳其皇帝先后完成了对波斯、美索不达米亚、叙利亚和埃及的征服,迫使在埃及自称阿拔斯王朝正统哈里发的穆塔瓦基勒让位,获得了整个伊斯兰世界的政治、军事最高领导者地位。接下来的苏莱曼大帝四十六年的统治,使奥斯曼土耳其达到鼎盛:威服巴尔干半岛,进逼德意志帝国首都维也纳,掌控了东地中海的制海权,吞并了北非,建立了地跨亚、非、欧三大洲的史上空前的大帝国。

奥斯曼土耳其帝国形成后,东西间的交通完全被其领土阻隔。欧洲人想要获得中国和印度的物资,不管选择哪一条通道,都必须经过土耳其领土。换句话说,土耳其帝国控扼着所有东西交通的要道,也因此彻底控制了东西贸易,从中博取巨大的利益。欧洲要想得到来自东方的物资变得非常困难,从土耳其海军横行东地中海开始,意大利各城市的贸易遽然萎缩,国力也萎靡不振,而遭遇同样衰退的,还有西班牙的伊斯兰教国家倭马亚王朝。以格拉纳达朝廷为中心的西班牙伊斯兰王国,原本是通过地中海和北非与东方展开贸易活动,藉此维持国力。而如今,随着奥斯曼土耳其势力的扩张,失去了活力源头的伊斯兰王国在西方开始孤立,乘此机会,半岛北部山区的未开化的基督教王国开始南侵,建立起了西班牙、葡萄牙两个王国。西班牙攻陷伊斯兰王国的据点格拉纳达时,距奥斯曼土耳其占领君士坦丁堡仅四十年。

西班牙半岛的伊斯兰教徒长于航海,对非洲沿岸的地理以及大西洋与印度洋的连接似乎也有一些了解。只是在最初,新兴的半岛国家的民众,因为基督教的迷信,相信海水在赤道会落入无底深渊一类的传说,对循海南下感到犹豫不决。但当他们逐渐受到伊斯兰的学术影响后,便开始对非洲西岸进行探险。他们充分认识到打通东方航线的重要性,于是冒着生命危险,最终实现了到达印度的愿望。这就是新的欧洲世界体系形成的起源。

西亚给予欧洲的各种影响之中,还有一项需要交代,这便是宗教改革。欧洲的宗教改革,一方面让整个欧洲化为战乱之地,另一方面又对后来欧洲称霸世界做出了巨大的贡献。路德将九十五条改革意见贴到维滕贝格教堂的门上，是公元1517年的事，这一年正是奥斯曼土耳其帝国的明主穆罕默德二世在埃及宣布即位、成为正统哈里发的那一年，此时，土耳其帝国的版图正沿着多瑙河北上，一步步逼近德意志帝国的首都维也纳。

虽然基督教徒不屑于将其宗教与伊斯兰教进行比较，但从我们的眼光来看，宗教改革之前的基督教，无疑是世间罕见的阴惨的宗教。就其寺院来看，伊斯兰教的清真寺常占据高爽之地，屋顶高耸，光线充足，内部十分明朗，而基督教的教堂，昏暗如同地下室，其修道院则仿佛是牢狱。或许是因为受到了教会的沉重压迫，中世纪欧洲人的精神生活也极为阴郁。文艺复兴以后，基督教的教会建筑得到了改良，变得明朗。但变明朗的只是其建筑，而不是其精神。并且为了教皇的住处更加明朗，僧侣对下民的诛求反而愈发无度，精神反而愈发地不明朗了。路德的宗教改革，便是对这种社会现实的抵抗，不过，这还不能仅仅用抵抗来说明这一现象。将信徒的精神生活变得和教会的建筑一样明朗，这才是澎湃于路德心中的改革愿景，而在西亚，这一愿望早在几个世纪之前便已由穆罕默德实现了。

伊斯兰世界在后世的衰败，绝不是穆罕默德的责任，也不是伊斯兰教自身的责任。与其自己词不达意，不如引用法国硕学勒南的话来说："尽管如此，我仍然自信不疑，伊斯兰教既已出现，便与其他宗教一样，绝不会消失。只是对于世界人民中重要的一部分伊斯兰教徒而言，这个宗教有可能会丧失理智和道德上的领导权,但绝不会屈服于其他宗教的攻击,而只会屈服在与其他宗教不同的近代科学,以及与之相随的理性主义和批判精神的面前。然而另一方面,我们也必须认识到,伊斯兰教不会像那傲然耸立的巴别塔在飓风面前突然倒塌化为尘土,而是有着充分的柔软性,保持着隐藏在它根底的抵抗力。信奉基督教的各国民众,为了实现其宗教改革,不得不打破当时的统一局面,对自己一直崇奉的中央教权采取反抗的态度。然而,伊斯兰教因为已经没有教皇,没有宗教会议,没有神学院的主教,没有固定的僧侣阶层,并且也不曾宣讲绝对无误的教旨,因而,就算是遇到了理性主义的兴起,也不至于像当初的基督教会那样狼狈不堪。然而,说起批判精神,那么,它可批判的对象又是什么呢?对穆罕默德的传记吗?不,他的传记,只有具备了虔敬的信仰才会得到认可,此外并没有什么至高无上的权威。就算是在正统派内部,即使说出不相信它,也不会被作为异端而遭受排斥。在这样的情况下,就算是出现了基督教中施特劳斯①那样的人物,他也没有什么活动的余地。那么,批判的矛头应当朝向伊斯兰教的教条(Dogma)吗?不,在本质上,伊斯兰教几乎没有逸出自然法,只是相信穆罕默德的先知性而已。此外,虽然伴有若干的宿命论,但这与其说是信仰上的问题,不如说是他们精神生活上的装饰,可以适当地加以善导使之无害。那么,批判的矛头又应当朝向伊斯兰教的道德观

---

① David Friedrich Strauß(1807—1874),德国黑格尔派神学家。

念吗？不，虽然伊斯兰教中有四个彼此相异的正统派别，多少包含着一些矛盾，但任何一派所抱有的道德观念，在尊重自由这一方面均不落人后。那么，批判的矛头难道要朝向其仪式吗？不，伊斯兰教的仪式，除去一些次要的迷信外，在本质上是最为单纯的，当今世界上只有最为纯粹的新教（Protestant）仪式可与其比肩。君不见十九世纪初兴起于穆罕默德家乡的那场包含某种政治意义的瓦哈比新宗派运动吗？他们主张，侍奉神的真正仪式，乃是平伏在神的面前；那种认为在神与自己之间需要任何中介的想法，都会堕落为偶像宗教；最有意义的事情，莫过于推倒穆罕默德及其子孙（Imam）的坟墓。"归结起来，照勒南所说，伊斯兰教已经超越了宗教改革的阶段。不，穆罕默德掀起的运动，本身就是宗教改革运动。

十 欧 洲 与 亚 洲

以西班牙、葡萄牙两国，以及继之而起的英、法、荷等国为主要原动力的西欧帝国主义，其魔爪最初避开了强敌土耳其，选择抵抗最为薄弱的地点，伸向东洋，绕过好望角来到印度，蚕食南洋，并威胁着清朝末期的中华帝国，开始寻找将其半殖民地化的机会。同时，俄罗斯在东欧兴起。俄罗斯忌惮土耳其、蒙古的抵抗，而通过极北的无人区西伯利亚到达了东洋。俄罗斯最初选择的横穿西伯利亚的道路,经喀山、托波尔斯克、托木斯克、叶尼塞斯克和雅库茨克,最终到达鄂霍茨克,比今天的西伯利亚铁路更北。

印度和南洋的财富让西欧更为富裕,尤其是大城市的工商业者,受惠最多,于此可以观察到西欧市民阶级(Bourgeoisie)的兴起。在英国,这一阶级找到了克伦威尔作为自己的代言人。城市工商业的势力,最终扫除了封建制度最后的残渣——专制君主。后来,英国虽然名义上出现了王朝的复兴,但早已不是英国的统治者了。英国的统治者是伦敦市,国王不过是为避免与外国的摩擦而推举出来的“外交大臣”而已。与英国同样活跃的是荷兰,其东洋贸易的发展,又对其后方地区(Hinterland)法国产生了巨大的影响。巴黎市的发展,代表了法国市民阶级的兴起。巴黎的新兴市民阶级,与凡尔赛的西班牙母系家庭波旁王朝这个大陆性的封建势力,恰好形成鲜明的对比。两者对立的爆发,就是法国大革命。而拿破仑时代市民阶级的势力,已非克伦威尔时代可比。他们已经经历了工业革命,敬畏机器的力量,面对传统封建君主的软弱无力,则抱有极大的自信。拿破仑倒台后,在各国的干涉下,波旁王朝一时复辟,但法国国民绝不会欢迎这样的“外交大臣”,这也成为市民(Bourgeois)性最强的第二共和国出现的契机。英国和法国的两大政治革命,促使了西欧近代化的快速发展。然而不应该忘记的是,在这两次大革命的背后,隐藏着的亚洲因素也发挥了重要的作用。这便是亚洲的物资。只是来自亚洲的物资,也要经过欧洲人的手才能生产出各种商品来。因此,西欧大革命的成功,流的虽然是欧洲人的血,但背后被榨取的却是东洋民众的膏血。

与西欧政治革命并行的工业革命,才是欧洲确立世界霸权的决定性因素。面对西欧的侵略,勉强支撑下来的东亚的清朝和西亚的土耳其这两大帝国,也不得不在数次抵抗后放下武器,降服在敌人的军门之前。

奥斯曼土耳其衰败的同时,西亚也开始没落。西亚社会的没落,是世界最古老文明的没落,也是曾经最为进步的社会的没落,因此其苦闷也必然是最为深刻的。奥斯曼帝国领土的分割,首先是从北方巴尔干半岛的小民族开始的,塞尔维亚、罗马尼亚、保加利亚和希腊先后独立,随后以南方埃及的独立而暂告一段落。

在埃及,与十字军英勇奋战的英雄萨拉丁开创的阿尤布王朝衰落后,奴隶(Mamluk)雇佣兵的大人物轮流上台执政,这段时间被称为马穆鲁克王朝。随后埃及又成为奥斯曼土耳其的领土,但雇佣兵(Mamluk)的势力仍然很强盛,土耳其皇帝虽然派遣了总督(Paşa),但政令几乎无法贯彻。其后有拿破仑的埃及远征,法国军队撤退后,乘机靠实力征服并统一埃及的,便是那出生于巴尔干的雇佣兵穆罕默德·阿里。

当时埃及既有的雇佣兵(Mamluk)势力仍然很强盛,阿里最初也利用他们来帮助自己扩张势力,但逐渐感到难以驾驭,便将四百八十名豪强邀请到开罗城内,在宴会之后将其一网打尽,全数诛杀。阿里王朝的基础由此确立，并从奥斯曼土耳其朝廷那里获得了世袭总督的地位。但埃及地理位置的重要性随后便必然地引起了英国人的垂涎。苏伊士运河的开凿，最初是在法国人的手上开工并完成的，但英国人趁国王伊斯迈尔的财政困难，收购了运河公司的股票，又将钱款借给国王，将埃及引向了破产。国家的破产本质上比乞丐的破产更加难办，必须有能够宣布其破产的敌国的存在才会成为可能。埃及破产后，为免于将国家拿去拍卖，不得不宣告在英、法的控制之下接受破产保护。埃及人对这样的计策非常不满，终于喊出"埃及人的埃及"这样的口号掀起了暴动，但被英国军队所镇压。英国对埃及的占领一直持续到第一次世界大战爆发，在大战中，英国将埃及完全变成了自己的保护国，这种状态一直持续到现在。

苏伊士运河的开凿，使得东西之间的交通路线为之一变，经由印度洋、红海和地中海的航线，成为世界上最大的交通动脉。对英国来说，埃及是连接本国和印度这根锁链上最为重要的一环。与这条南方海上交通路线并行，俄罗斯在北方建设了西伯利亚铁路，同样成为东西之间的一条重要通道。但这条铁路的铺设，不得不说已经属于过去的时代，新时代所要求的交通路线，应当还是和古代的"丝绸之路（Seiden Straßen）"一样，从中国的开封、西安，经兰州、敦煌，进入天山南路，翻越帕米尔高原，来到俄属土耳其斯坦的河中地区撒马尔罕附近，从这里穿过里海、黑海的南岸或北岸，直达地中海沿岸。如果真能这样的话，那么，叙利亚地区就有望再次控扼东西交通的要冲，像往日一样成为撬动世界的支点。

在奥斯曼土耳其的统治下，叙利亚地区成为帝国内部的交通重心，受驻扎在阿勒颇的土耳其总督管辖。第一次世界大战时为英法联军占领。战后，北方的叙利亚本土被法国托管，南方的巴勒斯坦则被英国托管。随后，叙利亚原住民为反抗法国而掀起了暴动，发生了包围大马士革那样的大事件。局势促使法国给予其名义上的独立，成立了叙利亚和黎巴嫩两个共和国，但实权依然掌握在贝鲁特的法国总督手中。在巴勒斯坦，在英国的斡旋下，为了给流散于世界各地的犹太人一个家乡，犹太人陆续开始迁移定居。作为原住民的阿拉伯人担心会因此失去既得权利，也掀起了反抗运动，两个民族之间发生了多次流血惨案。此时的英国又致力于调停，试图将外约旦分离出去作为单一的阿拉伯地域，而将靠近海岸的巴勒斯坦定为两个民族的混居地区，但阿拉伯人的不满并没有因此而缓解。对于英国来说，两个民族之间的冲突和仇恨，虽然正中下怀，但因为很容易转化为反英运动，反而自食其果，浑身痛痒难忍。

美索不达米亚，即底格里斯、幼发拉底两河所灌溉的平原，今天是伊拉克王国。第一次世界大战中，英国将领摩德率领的印度士兵在此登陆，击败土耳其军队，北上平定了这一地区。战后这一地区为英国托管，但不久即引发了反英暴动，无奈之下，英国只得拥立实力派费萨尔，建立伊拉克王国，承认其主权，自己则满足于掌握其财政实权，并引导其内政外交。

　　伊斯兰世界中的一个特殊存在是阿拉伯半岛上的沙特国。国王伊本·沙特在第一次世界大战之际奋起，一边被英国利用，同时又利用对方，平定了阿拉伯半岛的大部分地区，确立了今天的地位。今天操阿拉伯语、被称为阿拉伯人的民族，不管是伊拉克、叙利亚、巴勒斯坦，还是埃及、北非，他们在血统上都继承了当地文明国家国民的血液，称不上是纯粹的阿拉伯人。纯粹的阿拉伯风采，必须在以麦加和麦地那为中心、现在还没有摆脱游牧生活的阿拉伯半岛的阿拉伯人中去寻找。沙特国王正处于伊斯兰世界的宗教重心上，似乎有着在精神上统一阿拉伯民族的理想。

　　伊斯兰世界中另一个特殊的存在是土耳其共和国。第一次世界大战中，同盟国最终遭遇惨败，奥斯曼土耳其帝国被剥夺了所有的外领，仅保留了只有纯粹的土耳其人居住的小亚细亚和欧洲部分的伊斯坦布尔附近地区。然而，贪婪的希腊等国还想瓜分土耳其人的土耳其领土，对此，凯末尔·帕夏毅然奋起，彻底击退了外敌，在国内则废掉了皇帝哈里发，建立了共和制，实行政教分离，致力于启蒙自强运动。土耳其共和国与其他伊斯兰世界，特别是与阿拉伯民族的前世因缘进行了彻底的诀别，废除阿拉伯文字，采用拉丁字母，男女服装也改为西式，作为一个民族国家，迈出了新的一步。政体虽是共和制，但其实是凯末尔·帕夏，即后来的阿塔图尔克总统的独裁政治。阿塔图尔克死后，伊斯麦特·伊诺努继任为第二任总统。

214　　西亚的伊斯兰世界今后将会朝着什么方向发展，这是一个人人都想知道的问题,同时也是一个人人都无法明确回答的问题。在理念上,也可以预想全体伊斯兰教徒会团结起来,形成一大势力,但这暂时还没有实现的可能性。一个重要的原因就是能够成为阿拉伯领导者的候选人太多。土耳其以其历史上的民族自豪感,埃及以其丰富的资源,沙特阿拉伯以其特殊的地理位置以及对宗教的热情,大概会互不相让,争执不下。波斯虽然同样信奉伊斯兰教,但作为什叶派的宗主国,作为最为优秀的波斯文学的发祥地,有着极强的文化自豪感;作为民族国家,迄今为止甚至一直与奥斯曼土耳其帝国抗衡,如今更不会拜阿拉伯人、土耳其人的后尘。

如果一定要让我说些什么预言的话,那么可以这么说,在伊斯兰世界中,将来最具发展可能性的,当属土耳其和阿拉伯。土耳其人从阿塔图尔克执政以来面目一新,而能够出现这样的民族英雄,也是全体土耳其人的功绩。土耳其人长期以来作为征服者君临其他民族,民族自尊心非常强,仅就这一点上,就可以将土耳其人与其他阿拉伯人截然分开。虽然帝制时代的宫廷政治也非常腐败,但幸好腐败的病毒似乎还没有侵蚀到安纳托利亚山地农民的心底。阿塔图尔克的政治运动,其实就是以团结起来的安纳托利亚人为中心而实现的。

而更能激起我们希望的另一个存在,则是沙漠的游牧民(Badawi)。因为他们尚未接受文明生活的浸润,大体都有纯朴可爱之处。唯一的问题是他们还顽固地维持着与古时一样的氏族制度,受被称为酋长(Sheik)的部族长统率,部族民受到的是半奴

215

隶一样的束缚,逐水草而移居,要是一直这样下去的话,永远都没有机会让近代科学启迪他们的智慧。然而,如何才能打破这一封建枷锁呢?这是一个大问题。这也许需要他们在沙漠地带引水灌溉,开垦种植,并开始定居生活。但是,这样的进步若缺了近代科学的支撑,仍然难以实现。我们之所以对阿拉伯半岛上的沙特国王抱有期待,正是因为我们相信并希望在他的手上,这一问题有望得到解决。

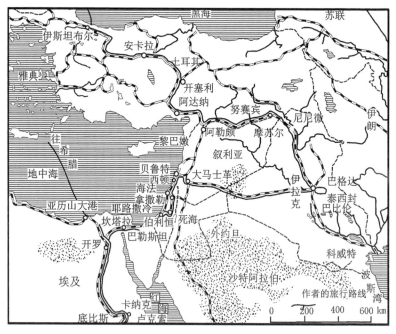

作者旅程略图

十字军对东方的影响

最近，对十字军的研究，其范围似乎有逐渐扩大的趋势。二十多年前我在法国留学时，正值格鲁塞的大作《十字军史》[1]出版。之前提到十字军时，最多只涉及公元十一世纪末以后的两个世纪之间欧洲诸侯军队对伊斯兰世界的入侵。但在格鲁塞的大作中，最后一章出现了《蒙古人的十字军》、《拒绝与蒙古的同盟》等标题，将蒙古对西亚的入侵以及蒙古人讨灭阿拔斯王朝等内容，也加入到了十字军的历史之中。不过，这还只是地域上的扩大，而最近出版的阿提亚《十字军：商业与文化》[2]一书，则设有《反十字军》(Counter-Crusade)一章，将奥斯曼土耳其夺取君士坦丁堡以及征服巴尔干等行动视为对十字军的反击，而且这一部分的叙述还花费了相当多的篇幅。如此说来，将十字军的东征视为对伊斯兰教徒圣战(Jihad)的反击，这似乎也未尝不可。如果将宣称参加十字军即可抵消其罪孽的教皇布告作为《古兰经》的翻版，那么，十字军便是 Counter-Jihad。如此一来，在叙述十字军东征之前又不得不加上伊斯兰征服史，而且叙述的范围大概还会无限制地扩充下去。不过，说到底，所谓历史学，从其本质上来说是很难将前后时代割裂开来的，研究范围无论扩充多少，其实都没有什么关系。

对迄今为止欧洲人关于十字军的研究，如果说我们有什么不满的话，那就是他们眼中的十字军总是面向着西方这一点。一般说来，十字军对欧洲的历史意义在于，政治上促进了封建制度的崩溃，宗教上使教皇的权力一时得到扩张后又致其衰落，学问上获得了天文学、数学、化学和文学等新的学科知识，经济上促进了东西交通、远距离贸易的发展，等等。简要地说就是在几乎所有的方面都刺激了欧洲社会，为此后的文艺复兴打下了基础。但是，世界史上如此重要的一个事件，其历史意义果真仅局限于欧洲来探讨就足够了吗？说起来，十字军东征难道不像是第一次世界大战那样的大事件吗？第一次世界大战，正如其有时被称作"欧洲大战"一样，其主战场虽然在欧洲，但其所产生的影响却遍及全世界，特别是日本和中国，尽获渔夫之利，提高了国际地位，而且还被认为是后来的支那事变①以及第二次世界大战的原因。如果说，给欧洲带来巨变的战争，对亚洲也必然产生深刻的影响，那么，对于十字军的东征，不也应该思考其与中亚、远东的关联吗？

_____

218　① 即中日战争。

　　或许会有人认为十字军东征发生在距今八九个世纪之前且东西隔绝的时代，没有必要考虑其对遥远的东方的影响。然而实际上早在十一、十二世纪，在中国来说就是宋王朝时期，东西之间的交通已经具有相当大的规模，亚洲西端发生的变化，立刻便会对东端产生影响。虽然在一般的历史叙述中，宋代并没有留下堪与张骞、玄奘比肩的旅行家事迹，但这并不是因为这一时期东西间的交通已经衰落，而是正相反，这是因为这样的旅行已经成为家常便饭，毫不稀奇，无法再引起人们的兴趣。例如，有个叫道圆的僧人，于后晋天福年间（936—942）从中国出发，历经十二年，从西域取回了经书，于宋太祖乾德三年（965）回到了中国。[3] 其后赴西域取经的僧侣数量很多，还曾出现过一百五十七个僧侣组队前往西方的事情。

　　回到正题，在西亚，基督教国家与伊斯兰教国家之间的斗争，可以说由于塞尔柱土耳其的登场而愈加激烈。也就是说，塞尔柱之孙图格鲁勒·贝克进驻巴格达，掌控了阿拔斯王朝的实权，其侄阿尔普·阿尔斯兰（1063—1072 年在位）则进军小亚细亚，大败东罗马帝国军队，可以说，十字军东征的前哨战于此已经拉开了帷幕。紧接着这一事件后即位的东罗马皇帝米海尔七世（1071—1078 年在位），遣使远赴罗马教廷请求援助，但当时没能成功。阿尔普·阿尔斯兰之子马立克沙（1072—1092 年在位）时，塞尔柱王室的势力达到了鼎盛，其死后不久便爆发了由东罗马皇帝和罗马教皇煽动的十字军东征。断断续续的战争一再发生，前后持续了两个世纪。

东罗马皇帝米海尔七世,以及塞尔柱王朝苏丹阿尔普·阿尔斯兰和马立克沙父子的时代,对处在远东的中国而言,正值宋王朝第四代君主神宗①(1067—1085 年在位)的统治时期,王安石登上了历史舞台并施行新法,同样也是北宋的极盛时期。有记载称宋神宗时期,遥远的西方有两个很少听说的国家曾遣使朝贡。

其一,神宗熙宁四年(1071)七月戊子,层檀国前来朝贡。层檀国是被阿拔斯哈里发授予苏丹称号的塞尔柱王朝君主所统治的国家,即 Sultanate 之意。《续资治通鉴长编》卷二二五中,有引自《神宗正史》卷一一八的相当长的记载。据此,其王名亚美罗亚眉兰,这应当是 Amir-amiran 的音译,即大将军之意。[4] 使者自海路而来,据说经过了勿巡、古林、三佛齐,航程两万里,如果顺风,昼夜兼行一百六十天左右便可到达广州。当然,勿巡作为塞尔柱王朝根据地摩苏尔的音译是最为恰当的,但据使者所言,勿巡是从其国都前来中国的途中所经之地,如此一来,或许是指印度的迈索尔,但此城位置稍稍深入内地,其名称是否真的覆盖到海岸尚有疑问。古林这一地名在宋代也被写作故临,是指靠近印度南端的奎隆,而三佛齐不用说就是苏门答腊。

关于层檀国,《续资治通鉴长编》记载说"始通也",可谓饶有深意。因为此前阿拔斯王朝以大食国的名义频繁向宋朝派遣使

　① 宋神宗应是北宗第六代皇帝。

者,且就在一年之前的熙宁三年(1070)年底,大食国使者还刚刚前来朝贡,献上了珊瑚、乳香、水晶、药物等土特产品。然而为什么到了第二年的熙宁四年,又改以层檀国的名义请求通好呢?想必是因为塞尔柱苏丹与东罗马帝国及基督教国家的关系逐渐恶化,因而想与拥有强大实力的中国保持更加友好的关系,以确保背后的安全。

而争斗的对手东罗马帝国同样也觉察到了与中国通好的必要性。宋神宗元丰四年(1081),东罗马帝国,即拂菻国的使者从陆路远道而来,记载同样见于《续资治通鉴长编》卷三一四及《宋会要辑稿·蕃夷》四之十九等处。据记载,使者名你厮都令厮孟判,我觉得"孟"或许是"盂"之误,试将其译读为聂斯托利乌斯·乌尔班诺,但无法确定这究竟是同一个人还是不同的两个人。据这使者所言,其王名灭力伊灵改撒,其中的"力"很明显为"加"之误,应读为米海尔·凯撒,这正是向教皇派遣使者请求援助的米海尔七世。据称其领土南临灭力沙,这正是继承了苏丹阿尔普·阿尔斯兰的马立克沙。

《长编》又在其注中称这一记载基于《神宗正史》的《拂菻传》。值得注意的是,这篇传记的最后本来有"历代不朝贡,于今九百余年矣"一句。其意应理解为"只是在九百年前曾经朝贡过,其后历代一直没有朝贡,如今又再次前来"。而从此时往前推九百年,乃是公元180年。考察中国的外交记录,在稍早于180年的166年,大秦王安敦的使者曾来洛阳向东汉桓帝朝贡。安敦就是罗马皇帝马尔库斯·安托尼乌斯,这一点是没有异议的。如此说来,宋朝的记录官将这次朝贡的拂菻国认作是大秦国的继承者,因此才会有这样的注记。所谓拂菻,不用说是阿拉伯人对欧洲人的泛称,即"法兰克"的音译。

宋神宗时期,在十年左右的时间里,先后从海路迎来了从未听说过的国家最初的朝贡使节、从陆路迎来了音信不通长达九百余年的国家的使节,这绝不是偶然的巧合,而应将之视为西方尖锐对立的两个国家都想尽量增加友好国而展开的外交战,其努力不约而同地以向中国派遣使节的方式表现了出来。而这一事件也表明了无论是在欧洲还是西亚,中国都被感知为一个近在身旁、足以成为直接利害相关者的存在。

然而,当时亚洲大陆的东西两端,是否真的能够互相切身感受到对方的存在呢? 要说明这一点,最好是观察其后的历史。宋神宗死后四十余年,崛起于内蒙古东部的契丹辽王朝最终覆灭,与辽朝皇室同族的耶律大石率领残兵败将逃向西方,在紧邻塞尔柱王国的东部建立起了西辽王国,这实际上是远东民族入侵西亚的先驱(1132 年)。其后又过了一百年,蒙古成吉思汗入侵西方,不仅横扫了西亚,更是震撼了欧洲。从这些事件中我们可以感觉到,东西之间的距离感在不断地缩小,而这种距离感的缩小,即使在十字军东征以前就已经出现,其实也不是什么不可思议的事。不,站在之前的距离感觉上来说,十字军东征这一事件本身就是不可想象的新事态。而东西距离感的缩小,前提就是大规模远距离贸易的盛行和成熟。

拂菻国即东罗马帝国，在继宋神宗之后的神宗之子宋哲宗元祐六年(1091)也曾来中国朝贡，据记载，拂菻国的使者得到了帛二百匹等赏赐。这表明丝织品是当时东西之间远距离贸易的一般商品。不过，丝绸的西输不需等到此时，早在汉代就已经被运到了遥远的罗马帝国的市场。到了宋代，比丝绸更重的东西如瓷器等物品，也成为远距离贸易的商品。瓷器既可以通过海路运送，也可以通过陆路运送。乍一想，在沙漠恶劣的道路环境下靠驼马运送易碎的瓷器似乎很不现实，但实际上并不一定如此。其实只要捆扎得当，不管什么样的道路都可以做到万无一失。商品的捆包方法恐怕与后世也没有什么太大的区别，如果是瓷器，那么先用黏土包裹并压实，做成大的粘土块，干燥压实使其坚固，然后再用稻草捆扎，这样便完全能够应付运输过程中的碰撞。到达目的地后只要将粘土块放入水中融化，将瓷器取出即可。虽然黏土的运费也被算入价格之中，但只要有人不管多贵都愿意买，便能够赚到足够的钱。其实当今也有类似的事情，如法国香水的价格大部分都是包装费，而且还要支付税款，但购买者依然趋之若鹜。

包括货币在内，原料金属似乎也在东西之间不停地移动。宋朝政府禁止向国外出口金、银、铜、铁，但这种禁令的存在，本身就说明了这些物品实际上是在流动着的。而这些金属之所以流动，必定存在着使其流动的原因。首先是金银的比价问题。大体说来，在欧洲和西亚，金银的比价为10∶1，而中国则一般为6∶1。[5]因此，西方人将白银带到中国，购买黄金后带回去，便可从中获得很大的利润。

其次是因为宋代中国铜、铁的产量激增。政府为了促进铜钱的流通，大量铸造铜钱，带动了铜的生产，特别是发明了湿法炼铜技术，据我推算，北宋一百七十年间，政府铸造的铜钱总额应在两亿贯。一千个铜钱便是一贯，相当于3.75公斤，因而铜的价格也相当低廉，只相当于白银的五十分之一，甚至一百分之一。铁则更加便宜，这是因为使用煤炭炼铁的方法已经得到了广泛应用，可以说已经进入了量产时代，[6]其准确的价格并不清楚。

总之，当时东西之间的陆路交通与海上交通一样，都处在相当繁盛的阶段，其证据可以举出很多。宋代在今陕西、甘肃方面，出现了党项族建立的独立国家西夏，宋朝与西夏之间展开了血腥的争斗。这里有两个问题，宋朝政府为什么要花如此大的力气去争夺那样一块偏僻的土地？西夏又是凭借什么在那样偏僻的土地上割据并保持独立的？一言以蔽之，这就是这个地区控扼着陆路东西交通的大动脉。西夏就是因为占据了这条东西交通要道，从中获得巨利并因此维持了国家的独立，而陕西、甘肃被西夏占领这件事，则相应地给宋朝政府带来了不利的后果。

占据了东西交通要道的西夏，对过往货物的征税愈重，宋朝政府就愈难受。而与宋朝政府同样感到难受的，便是占据今新疆并将贸易作为立国之本的回鹘人。为此，回鹘人只得避开西夏领地,迂回通过吐蕃人的领地,开辟了与宋朝往来的道路。

这条道路虽然充满艰险,但还是因为商贸而大为繁荣。从吐蕃领地进入宋朝有个地方叫古渭砦,位于渭水上游,沿渭水再稍稍东下有秦州,这里是宋朝的作战基地。宋神宗时,王安石任宰相,开始采取积极的对外政策,为了怀柔吐蕃,使其对抗西夏,准备将之前设置在秦州的市易司(物资调集机构)迁移到前方的古渭砦。有人对将价值三十万贯的物资安置到前线而感到不安,对此,王安石反驳说:眼下吐蕃的富豪也居住在古渭砦,其中不乏家财二三十万贯缗的人,他们怎么就没有丝毫的不安呢?[7]由此可知,当时的吐蕃商人正是利用这条贸易通道获取了巨大的利润。此外,往返于这条交通路线上的回鹘人中也有许多富豪,其中有一个就住在宋都开封,其财力甚至可以左右金银的价格。

在宋朝的记录中,经常可以看到因回鹘和吐蕃的贸易商人将金银运往国外,导致中国内地金银不足,出现价格腾贵的事情。[8]但是,如果因此而马上认为当时中国的金银正在不断地流向西方的话,却反而会失之轻率。在当时的中国,生产力的提高极为显著,用今天的话来说就是经济的发展呈加速度增长,因而产生了庞大的资金需求。而商品则被廉价生产,出现了出超倾向。因而从长远来看,应该认为货币是在反过来不断流入中国,特别是白银表现得最为明显。尽管中国的白银产量历来较低,但宋朝以后,白银的持有量逐渐增加,最终使宋朝成为银本位的国家。数量如此庞大的白银,基本上应该是从外国不断流入并长期积储起来的,而这样的现象只能认为是早在北宋初期就已开始。然而,货币本来就富有流动性,不会总是流入,有时也会流出,而北宋的这种现象其实是反常的,也正因为如此,国内市场才会出现动荡和不安。

这一事实也可由西方的情况得以证明。据货币学家的研究,从十世纪后半叶开始的两个世纪之中,西亚地区感到了严重的银荒,[9]此事颇为重大。历来都处于全世界发达地区前列的西亚,会因为其本位货币白银的缺乏而感到头痛,其原因只能是当时出现了某些新的情况。而这两个世纪,在远东地区恰好与北宋重合,在西亚则相当于十字军的初期以及之前的所谓十字军胚胎期,因而,十字军东征的真正起因,或许与这一事实有着一定的关联。

十世纪左右的西亚可以说正遭遇着一场巨大的社会危机。用一句话来说,这便是资源的枯竭。特别是森林资源的枯竭最令人头痛,造船没有木材,只能从遥远的欧洲进口。[10]既然连造船的木材都不足,那么,其矿工业所需燃料的匮乏就更不难想象了。不幸的是西亚没有可以替代木材的煤炭储藏,虽然石油储藏丰富,但当时还不知道该如何利用。

据说在今天,衡量一个文明发达的程度,可以据其所耗的热能卡路里来计算,这在以前也应该一样。在热能上走投无路的西亚,各行业的生产也顿时陷入了停滞,出口不增而进口大增,其必然结果即表现为货币特别是白银的流出,自身的白银持有量陷入不足。

经济的萧条立刻导致政府财政收入的减少,这可能就是十世纪以来西亚各地开始雇佣土耳其军人的根本原因。军人这样的重要职务,当然更想由同文同种的本国民众充任,但在财政陷入困境时,政府往往就管不了那么多,只能以更低的价格来雇佣文化落后、生活程度较低的外族以供役使。罗马帝国末期如此,东汉王朝末期也是如此。这个时期的西亚,阿拔斯王朝统治下的地方太守等官员,争着招募土耳其雇佣兵,这正是一种末期症状。

这些外族军人,一开始会为了低廉的佣金顺从长官的意志,但后来发觉自身的实力并不差,于是便会产生出自我民族的大团结,并开始独立行动。这样的土耳其人集团,越过伊朗与图兰的边界,即定居的波斯人与游牧的土耳其人的分界线锡尔河南下,所到之处建立了许多独立的政权,其中最先出现的是阿富汗的伽色尼王朝,而深入西方且势力最强的,正是塞尔柱王朝。土耳其种族散居在中亚到南俄罗斯一带,因此他们可以沿着里海和黑海的岸边南侵,但建立伽色尼王朝和塞尔柱王朝的土耳其人,他们都是沿着接近蒙古的中亚东部地区南下的,并由此向南、向西发展,这一点很值得注意。

进入了西亚内地的土耳其人,在宗教上完全伊斯兰化。当他们前进到小亚细亚,与东罗马帝国统治下的基督教徒发生冲突时,他们凭借着武力上的自信,以前所未有的果敢态度开始攻击。长期以来一直处于平静安眠状态的伊斯兰"圣战"意识被急遽唤醒,对此,惊恐退缩的东罗马帝国只能以同样的圣战来对抗圣战,向罗马教皇请求援助,因此而引发的便是十字军的东征。

因此而引发的十字军东征,不可能不对西亚的后方中亚,以及更远的远东地区产生极大的影响。首先,十字军的东征引发了人口的大量消耗。悲惨的虐杀再三上演,战士们也一个接一个地横尸疆场。就像欧洲方面不停地向本国请求援军一样,土耳其方面也必须不断地补充军人。人力资源沿着塞尔柱王朝原先前进的路线,从东方国境向西方流动,东方也因为人手不断被抽调到西方而出现了人员稀少的真空地带。于是其他土耳其人又从更东的地方来到这里。在塞尔柱王朝衰落的十一世纪后半叶,出现在中亚的强国花剌子模王朝便是在这样的形势下建立起来的。

蒙古民族的兴起,也可以视为土耳其人西迁所引发的波动之一。从历史上来看,以蒙古地区为中心的游牧民族的动向,基本上是西方处于优势,通常是由西向东形成压力。也就是说,原来以阿尔泰山附近为根据地的土耳其民族,只要向东方前进,占据鄂尔浑河、土拉河、色楞格河这三河汇流之地建立牙帐,其势力便足以控制戈壁周边的整个蒙古地区。柔然、突厥、回纥都是例子。然而,现在土耳其人开始向西整体移动,其对东方的压力变得微弱,有时甚至会形成真空地带,这反而引发了蒙古民族的西进。成吉思汗所属的蒙兀室韦也是这样,蒙兀室韦这样的小部族,唐代还居住在北满洲的呼伦湖附近,其后逐渐溯克鲁伦河西上,至成吉思汗的父辈时,已经到达了距三河流域近在咫尺的不儿罕山周围。

然而,东部的游牧民族向西方移动,并不仅仅是因为这样消极的理由，即土耳其民族向西移动后，他们也被牵引着向西走。西迁的背后应该还有更为积极的理由，这就是他们的文化水平到了这个时候，由于受到了他们密切接触的中国文化的刺激而有了急剧的提高。

游牧民族历来便缺乏文化的自我发酵的环境。他们的文化，特别是武器之类的物资往往依靠与其相邻的各发达国家。因此，在亚洲北部的游牧民族之间，自古以来便有西方土耳其民族压倒东方蒙古民族的倾向，换句话说，这无非就是西南亚的伊朗、阿拉伯文化凌驾于中国文化之上的反映。然而到了现在，如前所述，西亚的发达地区面临严重的社会危机，而未能成功渡过这一转折期，反而出现了全面的文化停滞。与此相反，中国从唐末到宋初则实现了社会、文化的飞跃发展，以至能够凌驾于西亚之上，东西方的关系在此发生了逆转，而最能象征这一形势逆转的事实，便是作为热能的煤炭被普遍使用，尤其是被应用在铁的生产上。

在中国，铁被大量生产，而且价格低廉，就算中国政府严禁出口，但也无法保证能够完全禁绝，只能任由铁器不知不觉之中流到邻近的游牧民族之间。特别是北宋时期，蒙古民族的一支契丹人建立的辽王朝，不仅占据着蒙古地区，而且还越过长城占领了南方汉族的居住地，即燕云十六州。其中的云州即位于今山西省的北部，这个地区同时拥有优质的铁矿和煤矿，因此，辽王朝不可能不利用这个地区的铁矿和煤矿来炼铁。源自内蒙古东部僻乡的契丹人，征服了戈壁周围的整个蒙古地区，领土远至天山，这种破天荒的伟大事业背后,必然有着铁的贡献。也正因为如此,辽王朝灭亡时,耶律大石率领少数残兵败将西迁,挤进土耳其民族的领地建立西辽这样的事业才得以实现。

最近发现的一处遗址,使我们有理由推测在辽王朝以及后继的金王朝时代,炼铁业广泛分布于其领土内的各个地方,这就是黑龙江省阿城县小岭公社附近发现的古代采矿遗址。据报道,遗址除出土了辽金时代的大盘和大碗外,还出土了北宋神宗时期铸造的元丰通宝。[11] 阿城是金朝上京会宁府的所在,说不定这是一处金代遗址。

据传辽朝政府严禁向邻近的异民族出口铁器,因此,成吉思汗所属的鞑靼诸部的战斗力很微弱。但到了金朝,铁禁弛缓,宋朝铸造的铁钱流入鞑靼诸部,并被改铸成了武器,鞑靼诸部的战斗意志也顿时随之高昂,直至出现了成吉思汗这样的英雄。总之,对于蒙古民族的大征服,当时冠绝世界的中国冶铁技术做出了重要的贡献,这应该是无可置疑的事实。

此外,引发蒙古民族远征西方的原因,还可以从十字军对东方的影响中寻找,这便是东西交通路线的变迁。十字军的东征虽然最终促进了欧亚间贸易的发展,但在十字军交战之时,不用说战争对贸易而言是一种妨碍,而且这场战争波及的地区极为广阔,从小亚细亚直到埃及,古丝绸之路西端所有的通道都因此被封锁。在这样的局势下,欧洲人想要避开卷入战争的危险地区,寻找前往东方的安全通道,那么就只有下定决心迂回到很远的北方,绕过黑海、里海之北到达中国。只要到了中亚,那么其东方便是辽朝的广袤版图,通过辽王朝便可以获得一些中国的物产,比如说丝绸。辽与宋签订了和约,每年以岁币的名义可以从宋朝得到绢三十万匹、白银二十万两。其中,白银恐怕用于与宋朝贸易的通货,而丝绸则可用作与西方贸易的交换物资。与此相仿,西夏也接受宋朝馈赠的银、绢、茶等物资,保证了双方的和平。其中,茶当是用于本国的消费,白银和丝绸则可能分别用于与中国和西方的贸易。如此一来,欧洲商队可以从东罗马帝国首都君士坦丁堡出发,渡黑海到其北岸,由陆路绕过里海北侧,再从咸海之北沿天山山脉北麓向东,经由西夏领土的北端,绕行经内蒙古到达辽都临潢府或南京(今北京)。

如果想要从欧洲到印度,则在咸海之东折向南,在撒马尔罕一带纵穿古丝绸之路,由阿富汗进入北印度。因此,撒马尔罕附近成为古丝绸之路与新辟印度通道的唯一交叉点,因而出现了空前的繁荣,盛极一时。土耳其塞尔柱王朝走向衰落之际,以撒马尔罕为中心的花剌子模王朝之所以能夸耀其富强,正是因为控制了此交通要冲。

然而,这种极为殷富的城市,必然会引起邻近游牧民族的垂涎,无论如何也摆脱不了成为掠夺对象的命运。成吉思汗统一蒙古地区后,首先迫使西夏臣服于己,这意味着蒙古人掌握了古丝绸之路的一部分。由此西进,不久便可到达以撒马尔罕为中心的繁华城市猬集的中亚。被征服了的这片土地,又可以成为进一步注释：

1. Grousset: Histoire des Croisades, 3 tomes, Paris 1934-36.

2. Aziz S. Atiya: Crusade, Commerce & Culture, Bloomington 1962.

3. 《宋会要稿·道释》二之五。

4. 关于「亚美罗亚眉兰」一词，最初我认为「眉」是「厮」之误，试将其比对为埃米尔·阿尔斯兰，今从前嶋信次教授的赐教。

5. 参照拙著《五代宋初的通货问题》第214页以下。

向西南亚入侵的前沿基地。另一方面，沿里海、黑海北侧的新交通路线，则可开辟出攻击俄罗斯、波兰方面的通道。可以说，正是因为十字军的东征而开辟出来的交通路线，使得蒙古民族的西征变得更加容易了。

日本的历史学界流行着一种非常不合理的世界史观。例如，很多人都认为，直到所谓的地理大发现时代为止，东亚与欧洲一直是互相隔绝的，彼此都处于独立发展的阶段，正是因为新航路的开辟，世界才成为一体。这种观点奇怪至极，如果说世界是一体的，那么，自古以来就是一体的；如果说世界不是一体的，那么，今天仍然没有成为一体。所有的事物都应该从量上来观察，古代注释：

6. 拙文《关于中国的铁》(《史林》第四十卷第六号)以及《宋代的煤与铁》(《东方学》第十三辑)。

7. 《续资治通鉴长编》卷二一二三「熙宁三年七月」条。

8. 参照前注5。

9. Blake：The Circulation of Silver in the Moslem East……, *Harvard Journal of Asiatic Studies*, vol. II. 1937.

10. Heyd：Histoire du Commerce du Levant au Moyenâge, tome II, P. 441, reprint, Amsterdam, 1959.

11. 王恩容：《黑龙江阿城县小岭公社附近发现古代冶铁遗址》,《光明日报》1961 年 8 月 14 日。

有古代的东西关系,中世纪有中世纪的东西关系,近代则有近代的东西关系。东西之间相互影响对方,又相互接受对方的影响,一路发展到今天,问题在于影响的方式和程度。而重大的历史事件,必定会在广大范围内造成重大的影响,本文的主旨即以十字军为例对此试作论述。

原载《东方》第七卷第三、四号,1965 年 5 月